はじめに

恥ずかしながら、私は社会人になりたての頃、まったくパソコンが使えませんでした。やっとの思いで作った成果発表の資料は周りから大いに笑われました。今思えば内容の未熟さもさることながら、資料の作り方が大いに稚拙だったのでしょう。その後は見よう見まねの自己研鑽に加えて、転職先の外資系コンサルティング会社で必死に資料作成の技能習熟に努めました。

そして現在、複数の会社勤務と複数の会社経営を経てやっと理解できるようになったのは、資料作成で大切なことは、オフィスソフトの豊富な機能を覚えることでもなく、他者が驚くような圧倒的な知識量でもなく、仕事の目的に応じた伝え方のコツをつかむことでした。あれだけ資料作成に時間をかけてきたのに、本当に大切なことは、たったそれだけだったのです。

私はこれまでに、紙の上の情報が大金に化けたり、資料一つで輝かしいキャリアの扉が開かれる光景を何度も見てきました。資料作成は内に秘めた想いや考えを写し出す"合わせ鏡"と言ってもいいでしょう。AIの普及によって資料作成にかかる負担は軽減されるかもしれませんが、資料を通じて相手に大切なことを伝えるという行為自体はなくならないはずです。

現在の私は謎解きゲーム会社クロネコキューブの経営者として、地域社会の問題解決に取り組んでいます。一方で、1人のビジネスパーソンとしては先人たちからいただいてきた幅広い実践技術を、多くの人の人生に役立ててもらいたいと思い執筆活動を続けています。

今回は縁あって「資料作成」をテーマに筆を執らせていただきましたが、資料作成が下手すぎて1人でもがきまくっていた新人時代の自分に読ませてあげたいくらいです。

本書は、初めから順を追って読み進めるのも、途中から必要な項目だけ選んで読むのも、まったくの自由です。幅広い職業の方にお使いいただけるよう柔軟に設計しましたので、ぜひ人生の手引き書の一つとして、末永くおそばに置いていただければ幸いです。

この本の使い方

「営業」「企画」「技術」と、どの職種により求められるプレゼン資料作成術が、ここを見ればわかります。

扱うテーマについて紹介します。

学んでいく上でポイントとなることをまとめています。読み進める前にここを確認しておくと、内容の理解が深まります。

紹介するテーマについて解説を行います。文章と右ページの図を照らし合わせながら読み進めると、どうプレゼン資料を作成するかがイメージしやすくなります。

営業／企画

28

「右肩上がり図」で成長を想像させる（発展関係）

POINT

- ・持続的な成長を想像させたい場合は、発展関係を表す「右肩上がり図」がおすすめ
- ・横軸は「時間」、縦軸は「成長」を取り、使用ケースは「組織の発展」などがある
- ・作り方は❶「四角形と矢印を組み合わる」、❷「SmartArtから選択する」の2つ

持続的な成長を想像させたい場合には、発展関係を表す「右肩上がり図」を使うといいでしょう。基本的に横軸は「時間」、縦軸は「成長」を表します。右肩上がり図を使用するケースとしては「組織の発展」や「技術の向上」などがあります。

例えば、組織が再成長していく道筋を描きたい場合、「負の解消期」「基礎固め期」「応用・発展期」「未来創造期」といったフェーズに分けて右肩上がりに並べていくことで、組織の発展を表すことができます。「右肩上がり図」を使うと基本的に持続的な成長が説明しやすくなるので、組織の「未来設計図」や「将来像」を表すのに向いていると言えます。

「右肩上がり図」の作り方としては、❶四角形と矢印を組み合わせて作る方法と、❷SmartArtから選択する方法、の2つがあります。

どちらもパワーポイントでの作成を想定していますが、❶はより自由度が高く、自分の表現したいことをそのまま図解に盛り込むことができます。❷については自由度に限界はありますが、パワーポイントの標準機能ですので図解作成の手間が大幅に省けます。

なお、「右肩上がり図」は、組織成長や事業展開、施策導入のほか、研修カリキュラムの図解などにも役立てることができます。

096

作成するプレゼン資料のサンプルを紹介しています。

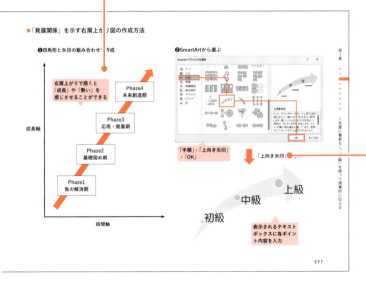

プレゼン資料を作成する工程が複数ある場合は、このようにステップに分けて紹介します。

目次

はじめに ……………………………………………………………………………… 002
本書の使い方 ……………………………………………………………………… 004

第1章　スライド作りの前に「骨太の基本構成」を考える

資料には「提案型」と「説明型」の2種類がある …………………………… 014
まずは「資料作成の目的」を確認しよう ………………………………………… 016
目的や伝えるべきことから「ストーリー」を作る ……………………………… 018
ストーリーを可視化するための「スライド構成」を考える ………………… 020
「スライドタイトル」と「キーメッセージ」を決める …………………………… 022
スライドのタイプを決める（箇条書き・図解・グラフ・画像）…………… 026
スライド作成に必要な情報を最短距離で集める ……………………………… 028

第 2 章　スラスラ読める「伝わるスライド」を作成する

標準テンプレートの活用でレイアウトの迷いをなくす ……………………… 034

ガイドの表示でスライド間の文章や図形の位置ズレをなくす ……………… 040

アウトライン機能を使って基本構成をスライド化する ……………………… 044

「タイトル」と「目次」で資料の構成を明確にする ………………………… 048

「サマリー」と「まとめ」で理解を促し、背中を押す ……………………… 052

スライド右上にナビゲーションを付けて現在地を示す ……………………… 054

ビジネスフォントの基本は「MSPゴシック」と「Arial」………………… 056

フォントの色を濃いグレーにして洗練感や柔らかさを出す ………………… 060

フォントサイズは配布用14pt以上、投影用20pt以上で …………………… 062

箇条書きは1項目40文字以内で３項目にまとめる …………………………… 064

箇条書きはビュレットポイントを使って３階層内に収める ………………… 066

箇条書きをパワーポイントの機能で見やすく仕上げる ……………………… 069

第3章　八百屋に看板なし、「図解」を使って視覚的に伝える

よく使う図形の特徴を押さえる ……………………………………………………… 074

図形に余計な影は付けない ……………………………………………………… 077

図形の色は原色を避ける ……………………………………………………… 080

図形の余白は最小限に ……………………………………………………… 082

図形の縦横位置をそろえる ……………………………………………………… 084

図形の集合や重なりで概念を示す（集合関係） ……………………………………………………… 086

SmartArtにない「ベン図」を自作する ……………………………………………………… 089

「ロジックツリー」で因果関係を明らかにする（因果関係） ……………………………………………………… 092

「マトリクス」で現在地と方向性を明らかにする（位置関係） ……………………………………………………… 094

「右肩上がり図」で成長を想像させる（発展関係） ……………………………………………………… 096

「アプローチ図」でフェーズやタスクを示す（手順関係） ……………………………………………………… 098

「プロセスマップ」で誰が何をするかを示す（手順関係） ……………………………………………………… 100

「ガントチャート」でタスクの長さを可視化する（手順関係） ……………………………………………………… 102

「循環図」を使ってスパイラルやサイクルを表す（循環関係） ……………………………………………………… 104

「ピラミッド図」で上位下位の関係を表す（階層構造） ……………………………………………………… 106

第4章　数字は物語る、「グラフ」を使って資料に説得力を持たせる

データの比較は３D化を避けて「棒グラフ」で表現する ⋯⋯⋯⋯⋯⋯⋯ 110
「滝グラフ」を使って低減効果を視覚的に見せる ⋯⋯⋯⋯⋯⋯⋯⋯⋯⋯ 112
量の変化は棒グラフより「折れ線グラフ」で見せる ⋯⋯⋯⋯⋯⋯⋯⋯ 114
単位が異なるデータを扱うには「２軸グラフ」を使う ⋯⋯⋯⋯⋯⋯⋯ 116
人口と比率の推移は「積み上げ面グラフ」を使って表す ⋯⋯⋯⋯⋯⋯ 118
円グラフを避けて「積み上げ棒グラフ」を用いる ⋯⋯⋯⋯⋯⋯⋯⋯⋯ 120
「横棒グラフ」で順位やランキングを示す ⋯⋯⋯⋯⋯⋯⋯⋯⋯⋯⋯⋯ 122
「散布図」を用いて縦軸と横軸の相関を調べる ⋯⋯⋯⋯⋯⋯⋯⋯⋯⋯ 124
「レーダーチャート」で平均や理想とのギャップを伝える ⋯⋯⋯⋯⋯ 126

第5章　百聞は一見にしかず、「画像」を使って読み手の想像力をかき立てる

記事のキャプチャー画像で強力に訴求する ⋯⋯⋯⋯⋯⋯⋯⋯⋯⋯⋯⋯ 130
「背景透過」と「帯透過」を使って文字を見やすくする ⋯⋯⋯⋯⋯⋯ 132
トリミングで画像サイズを調整する ⋯⋯⋯⋯⋯⋯⋯⋯⋯⋯⋯⋯⋯⋯⋯ 134
写真の背景をカットして使いやすくする ⋯⋯⋯⋯⋯⋯⋯⋯⋯⋯⋯⋯⋯ 136
写真の背景をぼかして溶け込ませる（縁全体） ⋯⋯⋯⋯⋯⋯⋯⋯⋯⋯ 138

第6章　一流の仕事家は「資料の配布」の仕方まで気をつかう

ページ数の多い配布資料は1ページ2スライドで印刷する……144

ファイルを開かずサムネイルで中身を確認できるようにする……146

相手に配慮して資料内の画像を圧縮しておく……148

重要な資料はパスワードをかけて共有・送信する……150

第7章　プレゼンテーションの現場で余裕を生む「スライドショー機能」

いま開いているスライドからスライドショーを始める……154

ブラック&ホワイトアウトで聴衆の注目を集める……156

目的のスライドまで最短で到達する……158

ポインターオプションを使って強調する（+ヘルプ表示）……160

スライドショーで発表者ツールを使う……162

第 8 章　知らぬが大損!?　「初期設定」でパワポを爆速化させる

キーボードの反応速度を最速にする ……………………………………………… 166
視覚効果をパフォーマンス優先の設定にする …………………………………… 168
いざというときにパワポを一発起動させる方法 ………………………………… 170
パワポ起動時のスタート画面を省略する ………………………………………… 172
クイックアクセスツールバーで高速作業環境を実現する ……………………… 174

第 9 章　毎日がストレスフリー、パワポの「時短テク」を覚える

パワポ全般でよく使うショートカットキー ……………………………………… 178
ファイル・スライド操作でよく使うショートカットキー ……………………… 180
テキスト操作でよく使うショートカットキー …………………………………… 182
図形操作でよく使うショートカットキー ………………………………………… 184
ChatGPTでパワポのスライドを作成する ………………………………………… 186

第 1 章
スライド作りの前に 「骨太の基本構成」 を考える

　資料作成は社会人として大切な基本スキルの一つです。最近では大学生や高校生まで自分のアイデアや研究を発表するために、パソコンを使って資料作成しているくらいです。

　ただ、同じテーマで資料を作っても、時間がかかる割には質が高くない人もいれば、短い時間で質の高い資料を作る人もいます。

　なぜそのような差が生まれてしまうかというと、その大きな理由の一つが事前の段取りの質にあります。もっと言うと、深く考えずにとにかく作り始めてしまう人よりも、はじめに全体像や流れなど「基本構成」を描いてから作り始める人の方が、結果的に質の高い資料になっているケースが多いのです。

　資料作成を始める前に基本構成を考えることは、おおむね以下のような利点があります。

▶論理的な展開ができる

まず基本構成を考えることで、論理的かつ体系的な展開が可能になります。各セクションや項目が適切な順序で配置され、読み手が情報を理解しやすくなります。

▶効果的に伝達できる

基本構成が整っていれば、伝えたいメッセージや情報がより効果的に伝わります。聴衆や読者が主題の流れを理解しやすくなり、情報が混乱することが少なくなります。

▶時間が節約できる

基本構成を考えることで、資料全体の設計や構造を確立するのにかかる時間が短縮されます。計画を立ててから作業を始めることで、効率的に進捗させることができます。

▶焦点が絞り込める

基本構成を考えることで、主題や目的を明確にすることができます。何を伝えたいのか、何が重要なのかを把握することで、無駄な情報の追加や逸脱を防ぎます。

▶一貫性を確保できる

基本構成を考えることで、一貫性が確保しやすくなります。同じテーマやアイデアは同じくらいの詳細度や重要度で扱われ、資料全体に統一感を持たせることができます。

▶視覚的な整合性が取れる

資料が視覚的に整合していれば、読み手や視聴者は視覚的にも理解しやすくなります。また一貫性のある構成やレイアウトは、洗練されたプロフェッショナルな印象を与えます。

このように基本構成を考えることで、資料作成が効率的に進むだけでなく、最終的な成果物のクオリティは格段に高いものになることでしょう。

営業／
企画／技術

01

資料には「提案型」と「説明型」の2種類がある

POINT
- 社内向け提案型は、流れ・材料・メリットなどがしっかりしていることが大切
- 社外向け提案型は、相手の興味・関心を惹きつけるため感情に訴えかける
- 説明型は、社内外向けかに関わらず、事実に基づき漏れなく明瞭であること

　資料とは、それを受け取った人が何らか判断を下したり認識を得るための材料となります。したがって資料はそれ単体で価値があるわけではなく、受け手が目にしてはじめて価値が生まれます。そして資料には大きく「提案型」と「説得型」の2種類があり、それぞれ作り方や使い方も異なります。

　提案型資料の例としては、企画書や提案書といったものがあります。
　提案型資料の目的は、相手の判断や実行を促すことで、そのためには、**話の流れに無理がない、判断材料がそろっている、メリットが明快である**、の3点を満たしている必要があります。また資料全体のトーンと

しては、何らか重要な決断を導き出すためにも、**ロジカルであることが大前提で、営業プレゼンなど社外向けの場合には、さらに共感性が求められます。**

　説明型資料の例としては、計画書や報告書といったものがあります。
　説明型資料の目的は、状況や知恵を共有することで、そのためには、**わかりやすい、具体的である、事実に基づいている**、の3点を満たしている必要があります。また資料全体のトーンとしては、感情に訴えかけるというよりも、**ありのままの事実を漏れなく明瞭に共有することが求められます。**

ちなみに私の日系・外資系両方の勤務経験から、両者の資料の作り方には違いがあると感じています。

例えば日系企業は「説明型」が多く、デザイン性よりも中身を意識しつつ、ページ数は多め、または1ページに情報量を詰め込む傾向があります。

一方で、外資系企業は「提案型」が多く、デザイン性や見栄えを意識しつつも、ページ数は必要最低限（コンサル会社など一部例外有り）、参考資料を多く添付している場合が多いです。

また最近のIT系のスタートアップ企業などは、「説明型」「提案型」両方の良いところを取り入れながらも、投資家へのプレゼン機会に備えてか、外資系企業のようなデザイン性や見栄えを意識した資料が多く見受けられます。

資料全体のおもむきが変わってきますので、これから自分が作ろうとする資料が「説明型」「提案型」どちらに該当するかを始めに意識してみてください。

■ 資料の分類と特徴

タイプ	提案型		説明型	
用途	社内向け	社外向け	社内向け	社外向け
資料例	企画書 改善提案書	提案書	品質管理	計画書 報告書 仕様書 手順書
目的	判断や実行を促す		状況や知恵の共有	
要件	話の流れに無理がない 判断材料がそろっている メリットが明快である		わかりやすい 具体的である 事実に基づいている	
トーン	ロジカル	ロジカル+共感	漏れなく明瞭に	
視覚性	テキスト：少 図形・画像：中 アニメ：少	テキスト：極少 図形・画像：多 アニメ：多	テキスト：中 図形・画像：中 アニメ：極少	テキスト：少 図形・画像：多 アニメ：少

■ 資料イメージ

提案型（社内）

提案型（社外）

説明型（社内）

説明型（社外）

営業／
企画／技術

02 まずは「資料作成の目的」を確認しよう

POINT
・資料作成の目的を明らかにすることで、ムダに資料を作ることが減る
・伝えるべき相手を明らかにすることで、資料作成の方向性が明らかになる
・目的を明らかにすることで、資料を効率的に作ることができるようになる

■ 資料作成の目的を確認する

タイプ	提案型		説明型	
用途	社内向け	社外向け	社内向け	社外向け
大目的	社内向け	価値提案	品質管理	問題解決
伝える相手	意思決定者 決定に影響を与える人	決裁権者 決済に影響を与える人	当該業務の 管理者・担当者	PJの プロマネ・リーダー
期待する行動	提案が受け入れられて、 意思決定・決済が行われる		現状を正しく把握し、異常値が確認できれば 迅速な対応が行われる	
どう 見られているか	自分の知識や経験（例：開発経験から技術力があると思われている） 自分の立場や信頼度（例：営業実績からやり手と思われている） 自分の性格や個性（例：日常の言動から論理的だと思われている）			
伝えるべきこと	相手・期待・見られ方を加味した 課題、解決策、効果、行動		相手・期待・見られ方を加味した 事実や解決策	

※本書では利用機会の多い「提案型」資料の説明に比重を置いています。

仕事柄多くの会社を見てきましたが、資料を無駄に作りすぎている会社が少なくありませんでした。あまり深く考えずとにかく作っていると、社内に質の低い資料が増えてしまうのは当たり前です。作る前に「その資料、そもそも作る必要ある?」というところに立ち返って考えていれば、資料の質や量は異なる状況だったのではないでしょうか。

逆に言うと、**資料は作成する前にその目的を明らかにすることがとても大切なのです**。伝えるべき相手や期待する行動を明らかにすることで、資料作成の方向性が明らかになり、結果として資料を効率的に作ることができるようになります。

資料作成の目的を明らかにするには、「伝える相手」「期待する行動」「どう見られているか」「伝えるべきこと」、この4つの視点を持つ必要があります。

例えば「伝える相手」は、複数人よりもできるだけ具体的な1人の人物像を思い浮かべます。「期待する行動」は、資料は読んだだけで終わりではなく、動いてもらって初めて価値が生まれます。「どう見られているか」は、相手からの期待や印象と捉えてもいいか

もしれません。「伝えるべきこと」は、課題や解決策など、行動することに見合う内容でなくてはなりません。

これらは、その資料が提案型か説明型か、社内向けか社外向けか、によってもさらに分類されます。

そして、その時点で「価値提案」「価値創造」「品質管理」「問題解決」といった資料作成のおおまかな目的が明らかになります。

■ 題目:斬新さを求める顧客に 体感型キャンペーンの社内承認を取りたい

期待する行動

・課題・解決策・効果の納得
・体感型キャンペーンの承認

どう見られているか

■強み
独創的なアイデアに期待

■弱み
定量効果の算出が困難

伝えるべきこと

・背景:客数・売上が減少
・課題:値引き反応が鈍化
・解決策:没入型謎解き体験
・効果:仮説による数値算出
・事例:過去の実績画像

伝える相手

■決裁権者
費用・効果・前例に関心

■現場担当
運用負担が心配

営業／企画／技術

03

目的や伝えるべきことから「ストーリー」を作る

POINT
- 目的や伝えるべきことから、スライド構成を考える
- 各スライドのタイトルとキーメッセージを定める
- 箇条書きや図解、グラフ、画像など、スライドのタイプを決める

　資料作成の目的が明らかになり、相手に伝えるべきことが決まったら、資料の「ストーリー」を作ります。

　ストーリー作りとは、伝えるべきことから「スライド構成」や「スライドタイトル」「キーメッセージ」「スライドタイプ」を決めていくことです。

　実際、目的確認からストーリー作りまでで、資料全体のクオリティの60%以上が決まります。どれだけ急いでいても、ここをいい加減にしてはいけません。

　ストーリー作りは次の3つのステップがあります。

❶スライド構成を考える

　目的や伝えるべきことから全体の構造を考えます。

❷スライドタイトルとキーメッセージを決める

　各スライドのヘッダー部のタイトルと、その下のキーメッセージを定めます。この位置は上下逆の場合もあります。

❸スライドタイプを決める

　スライドの中身を、箇条書きや図解、グラフ、画像など、どんなタイプにするかを決めます。

　これらステップの詳細については、次項以降でそれぞれ説明していきます。

■ ストーリー作成の3ステップ

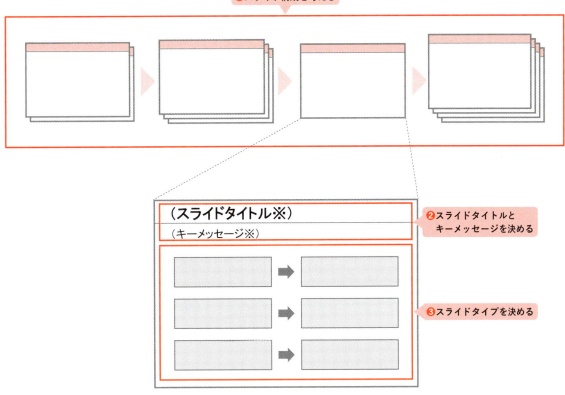

営業／企画／技術

04 ストーリーを可視化するための「スライド構成」を考える

POINT
- スライド構成は「伝えるべきこと」とその前後スライドで構成される
- 伝えるべきことは「背景」「課題」「解決策」「効果・事例」に適したものを
- 前後スライドは前に「タイトル」「サマリー」「目次」、後に「まとめ」を

資料のストーリー作りの3ステップのうち、「スライド構成を考える」について掘り下げます。

具体的には、伝えるべきことを「背景」「課題」「解決策」「効果・事例」の4つの要素に分けた上で、それぞれの要素に適切なスライドを割り当てていく流れになります。

「背景」では、今回の提案のきっかけとなった現状と理想とのギャップを示し、そもそもの提案の意義や重要性を相手に理解してもらいます。

「課題」では、理想の姿とのギャップを深掘りすることで課題を浮き彫りにし、さらにその中から真に解決すべき課題を選びます。

「解決策」では、真の課題を解決するために、正しく実現性のある方法を提示します。

「効果・事例」では、解決策の実行によって期待される効果を、できる限り具体的かつ長期目線で提示します。その際、過去や類似の事例を添えることで提案の説得力を高めます。

この4つの要素の質を高めることで、伝わりやすく、説得力の高いスライド構成ができあがります。

伝えるべき4つの要素が確定したら、それらのページの前に「タイトル」「サマリー」「目次」を、後ろに「まとめ」を挿入すると、一通りスライド構成が完成します。

■ 伝えるべきことの4つの要素とそのポイント

1. 背景
① 提案にいたった現在の状況
② 本提案によって達成したい理想の姿
③ 現状と理想とのギャップ

2. 課題
① ギャップを深掘りし、課題を抽出する
② 抽出課題から、真に解決すべき課題を選ぶ

3. 解決策
① 課題に対する解決策になっているか？
② 他の解決策も検討したか？なぜそれか？
③ 解決策に具体性・実現性はあるか？

4. 効果・事例
① 効果はできるだけ定量的に示す
② 目先の利益以上に、長期の優位性を示す
③ 可能であれば、過去または類似の事例を示す

■ 伝えるべきことの前後に挿入するスライド

タイトル
○○業務のDX改善提案書
○○部 ○○課 ○○○○

目次
本日のアジェンダ
1. 背景認識の共有
2. 本質的課題の抽出
3. 抜本的解決策の提案
4. 期待効果と事例の紹介

サマリー
エグゼクティブ・サマリー
・競合台頭で売上が減少傾向
・新商品の投入遅れによる影響大
・DXによる開発期間短縮は必須
・投入数増で10%の売上増を期待

まとめ
まとめ
・競合台頭による売上減少が深刻
・DXによる開発期間短縮を提案
・投入数増で10%売上増加を期待
・DX体制構築の承認を頂きたい

営業／
企画／技術

05 「スライドタイトル」と「キーメッセージ」を決める

POINT
・タイトルは簡潔に、客観性のある言葉を体言止めでそろえる
・キーメッセージは「1スライド1メッセージ」が原則
・キーメッセージは、「主張を明確に」「文章で表現する」「50文字以内に」

スライド構成を決めたら、各スライドの「スライドタイトル」と「キーメッセージ」を決めていきます。

適切な「スライドタイトル」がついていれば、読み手は一瞬でそのスライドの内容を理解することができます。

そして具体性のある「キーメッセージ」を付けることで、スライドの主張を相手にわかりやすく伝えることができます。

通常「スライドタイトル」は、スライドの最上部に配置して、スライドの内容を相手に簡潔に示します。

そして、相手にとってわかりやすいスライドタイトルを付けるためには、次の4つのポイントを押さえる

必要があります。

①短く簡潔に
②客観性のある言葉を使う
③体言止めでそろえる
④主語を明らかにする

スライドタイトルが決定したら、「キーメッセージを」を決めます。キーメッセージはスライドタイトルの下に配置され、スライド全体の内容を簡潔に示します。

キーメッセージは「1スライド1メッセージ」が原則で、2メッセージ以上にするのは理解の妨げになる

ため避けましょう。

ちなみに、一般企業ではキーメッセージを書かないケースも数多く存在しますが、より訴求度を求めるコンサルティング会社ではキーメッセージを記載する場合が多いです。

キーメッセージを作成するには書き手の要約力が求められますが、慣れてくることで、より鋭く強力なメッセージラインを作成できるようになります。

キーメッセージの作成は、先程の1スライド1メッセージの原則に加えて、次の3つのポイントを押さえます。

①主張が明確である
②文章で表現する
③50文字以内に収める

ちなみに、スライドタイトルとキーメッセージの位置は上下逆の場合もあります。

■スライドタイトル作成の4つのポイント

1. **短く簡潔に**
   一目で中身が想像できるように

   例：◯◯業界の市場規模

2. **客観性のある言葉を使う**
   主張ではなく事実だと伝わるように

   例：◯◯部門の売上推移

3. **体言止めでそろえる**
   インデックスとして使いやすくなる

   例：売上減少の3大要因

4. **主語を明らかにする**
   途中で主語が誰かを迷わせないように

   例：顧客の購買行動の変化

※スライドタイトルとキーメッセージの位置は上下逆の場合もあります

■ キーメッセージ作成の原則と3つのポイント

1. 主張が明確である
事実に基づいて自分の主張を述べる

> 例：**新製品の販売延期**により売上が減少している

2. 文章で表現する
体言止めではなく文章で終わる

> 例：売上の減少→売上が**減少している**

3. 50文字以内に収める
具体的でありつつも簡潔に伝える

> 例：5年前の**製品別販売分析データ**と比較して
> ○○製品の販売数量は10％減少もしている
> **ことが調査の結果判明した**

スライドタイトル
キーメッセージ

**1スライド
1メッセージが
原則**

※スライドタイトルとキーメッセージの位置は上下逆の場合もあります

　資料としてメッセージの流れを全面に押し出したい場合は、キーメッセージを上にし、スライドタイトル（キーメッセージの根拠を指し示す）を下にすることで、話の流れがわかりやすくなるので、私も時々使ってます。

■スライドタイトルとキーメッセージの例（水族館の場合）

伝えるべきこと	スライドタイトル	キーメッセージ
背景	来館者数の推移	来館者数が前年同月比 7% 減少している
課題	来館者減少の原因	最近近隣にできた娯楽施設に 人流が分散している
解決策	来館者増加のための集客施策	展示方法を従来の巡回型から 体験強度の強い没入型に変更する
効果・事例	集客施策の効果	既存顧客に加えて Z 世代への訴求により 来場者数 15% 増が期待できる

営業／
企画／技術

06 スライドのタイプを決める
（箇条書き・図解・グラフ・画像）

POINT
・スライドタイトルとキーメッセージが決まったらスライドタイプを決める
・スライドタイプは「箇条書き」「図解」「グラフ」「画像」の4種類がある
・タイプ選びは慣れてくると自然と思い浮かび、資料作成のスピードが上がる

次は各スライドの「スライドタイプ」を決めますが、これには「箇条書き」「図解」「グラフ」「画像」の4種類があります。

箇条書き：長めの文章を、複数の項目や短文を使って簡潔に表現します。

図解：文章や数字の代わりに、図形の組み合わせを使って表現します。

グラフ：数字の大小が一目でわかるよう視覚化して表現します。

画像：説得力を持たせるため、記事や現物の画像を使って表現します。

なお、これらは1つのスライドの中で複数組み合わせて使う場合もあります。

ちなみにスライド構成で言うと、「背景」スライドは、「箇条書き」「図解」「グラフ」「画像」のいずれも利用可能です。
「課題」スライドは、数字で示すなら「グラフ」、他は「図解」を使います。
「解決策」スライドは、「箇条書き」でも可能ですが、できるだけ「図解」を使います。

「効果・事例」スライドは、数字で示すなら「グラフ」、他は「図解」「画像」を使います。
「サマリー」「目次」「結論」「まとめ」スライドは、文字説明の「箇条書き」を使います。

このタイプ選びは、初めのうちは気を遣う必要がありますが、慣れてくると自然と思い浮かぶようになります。

その結果、資料作成全体のスピードがグンと上がるはずです。

■ スライドタイプの例 (水族館の場合)

伝えるべきこと	スライドタイトル	キーメッセージ	スライドタイプ
背景	来館者数の推移	来館者数が前年同月比 7% 減少している	グラフ
課題	来館者減少の原因	最近近隣にできた娯楽施設に人流が分散している	図解
解決策	来館者増加のための集客施策	展示方法を従来の巡回型から体験強度の強い没入型に変更する	図解
効果・事例	集客施策の効果	既存顧客に加えて Z 世代への訴求により来場者数 15% 増が期待できる	グラフ

営業／
企画／技術

07

スライド作成に必要な情報
を最短距離で集める

POINT

・スライドタイプを決めたら、仮説を立てて情報収集を効率的に行う
・仮説はMECEを意識して「詳細説明型」と「根拠証明型」を使い分ける
・情報収集は普段から情報源を確保し、各種の検索技術を研鑽しておく

　各スライドのスライドタイプまで決めたら、スライド作成に必要な情報をできるかぎり最短距離で集めます。その情報は、キーメッセージを根拠付けるものでなくてはなりません。

　具体的には、**情報収集に必要な仮説を立てて**から、**情報収集を効率的に行う**流れになります。

▶ **情報収集に必要な仮説を立てる**
　仮説を立てるためには最低限の知識が必要になってきます。もしほとんど何も知らない状態であれば、ネットや専門書籍などである程度の前提知識を仕入れておきましょう。

　スライド情報はキーメッセージを詳しく説明する**「詳細説明型」**と、キーメッセージを根拠付ける**「根拠証明型」**の２種類をうまく使い分けます。
　前者は計画書や報告書、後者は企画書や提案書でよく使われます。

　スライド情報の仮説を組み立てるに当たっては、**「モレなくダブりなく」を表すMECEの考え方**（Mutually Exclusive and Collectively Exhaustiveという４つの単語の頭文字を取った言葉。複雑な、または難しい問題を解決するために使用する）を意識しましょう。

　MECEで仮説を組み立てるには、情報を整理するた

■ MECEを意識してスライド情報の仮説を作る（詳細説明型／根拠証明型）

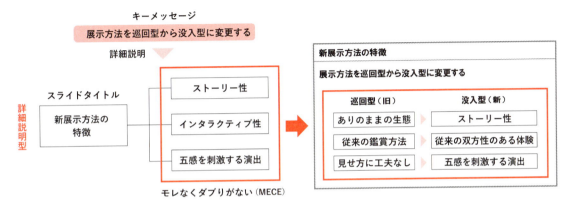

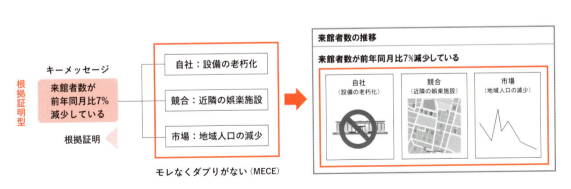

めの**切り口**がポイントになってきます。

　たとえば、３Ｃ分析などの**「ビジネスフレームワーク」**や、前後などの**「時間軸」**、東西南北などの**「社会通念」**、量×質などの**「四則演算」**といったものは代表的な切り口になってきますので、覚えておくと便利です。

▶ 情報収集を効率的に行う
（人に聞く・社外情報の収集・社内情報の収集）

　情報収集を効率的に行うためにも、闇雲に情報を探し回ることは避けたいところです。

　そのためには、最適な情報収集の方法を目的や状況に応じて選ぶことが求められます。

　情報収集の方法には**「社外から情報を集める」「社内の情報を集める」**の大きく2つがあります。

　社外・社内いずれも有識者に聞くのが最も手っ取り早く目的情報にリーチできるのですが、相手の時間を奪うこともあります。

　ですから可能であれば、**社外・社内から得られる情報のうち、比較的手軽に得られる情報源を普段から確保しておく**といいでしょう。

　また**Google検索や社内フォルダ、メール履歴に関する検索技術を普段から研鑽しておく**と、いざというときに役立つのでおすすめです。

　ちなみに私の場合は、「filetypeコマンド」を使って、ネット上に存在するPDF文献や公的文書のテンプレートを見つけて大変便利に活用させてもらっています。

■ 情報収集の2つの方法

情報収集法	具体的手段	例
社外から情報を集める	有識者に聞く	直接連絡、掲示板募集、紹介依頼など
	ネット検索・AI活用	Google、ChatGPT など
	企業サイト検索	企業概要ページ、IR ページなど
	文献検索	Google Scholar、CiNii Research など
	記事検索サービス	リサーチ・ナビ、日経テレコンなど
	公的統計情報	総務省統計局サイトなど
	民間情報サービス	SPEEDA、帝国データバンクなど
	消費者調査（定量・定性）	GMO リサーチ、マクロミルなど
社内の情報を集める	有識者に聞く	直接連絡、掲示板募集、紹介依頼など
	財務データ収集	貸借対照表、損益計算書、売上情報など
	社内資料分析	部署毎の内部資料・データなど
	社内定量調査	関係者へのアンケート調査など

第 2 章

スラスラ読める「伝わるスライド」を作成する

あなたは一所懸命作成したスライドが、なぜこんなにも相手に伝わらないのか、と思ったことはありませんか？　私はこれまで人が作った膨大な量のスライドを目にしてきましたが、伝わらないスライドには、ある共通項が存在することに気づきました。

▶伝わらないのは見え方がバラバラだから

それは、おおむねスライドの内容は間違っていないのに、レイアウトがバラバラだったり体裁に規則性がないことで、読み手を迷子にさせてしまっていたことでした。つまり、内容よりも作り方の面でロスしている場合がほとんどだったのです。もったいないですよね。

▶伝わるスライドは内容以上に標準性が大切

それらの問題を解決するには、スライド作成にお

ける「標準テンプレートを活用」や「標準作成ルールの設定」が効果的です。

それらを行えば「スケルトン」とよばれる骨組みスライドを効率的に作成できるようになります。視覚的にも統一されるので、ブランドイメージの向上にもつながることでしょう。

▶ スケルトンを使って
　標準化と効率性を両立させる

スケルトンとは、文字通り「スライドタイトル」と「キーメッセージ」だけが記載された複数枚のスライドです。中身となるスライド情報はまだない状態です。

スケルトンは、はじめに「伝えたいこと（背景・課題・解決策・効果事例）」のスライドを作成して、その前項に「タイトル」「サマリー」「目次」、後項に「まとめ」のスライドを挿入すると完成になります。

コンサルタントの世界では、いきなり資料の細部まで作り込むのではなく、初めにスケルトンを作ってマネージャーレビューを受けることが推奨されます。スライド作成の初期の段階でロジックの欠陥に気づいたり、ムダなスライドを作り過ぎてしまうのを防ぐためです。私も新人時代はよく上司からスライドタイトルとキーメッセージだけが入ったスケルトンを渡され、翌日までに中身を埋めるといったことをしていました。

スケルトンの作成は、コンサルティング会社で見られる特有の文化かもしれませんが、一般の事業会社でも使えますので、ぜひ取り入れてもらえたらと思います。

先述の「標準テンプレートの活用」や「標準作成ルールの設定」については、後の項目で詳細説明していきたいと思います。

営業／企画／技術

08 標準テンプレートの活用でレイアウトの迷いをなくす

POINT
- 標準テンプレートでレイアウトが定まり、読み手の理解が早くなる
- 標準テンプレートでレイアウトの迷いがなくなり資料作りが早くなる
- 標準テンプレートでレイアウトが統一され資料の統合・共有が楽になる

■「スライドマスター」を使って標準テンプレートを作成する

出典やロゴ・コピーライト等の位置は、会社ごとに異なります。

スケルトンの作成に当たっては、まずは**標準テンプレート**を準備しましょう。標準テンプレートとは、会社やチームごとに用意するもので、全てのスライドで同様の**スライドタイトルやキーメッセージの位置やフォント形式、ロゴや出典、ページ番号**などを設定するためのものです。作成にはパワーポイントの「**スライドマスター**」機能を使います。

標準テンプレート活用のメリットは次の3つです。

❶読み手の理解が早くなる

資料のレイアウトを決めておくことで、読み手はスライドのどれがタイトルで、どれがキーメッセージであるかを瞬時に把握できるようになります。

❷資料作りが早くなる

全ての資料で同じレイアウトを利用することで、スライド作成時にどこに何を置けばいいかを迷うことがなくなります。

❸資料の統合・共有が楽になる

社内資料など同じレイアウトを使うことで資料の統合や共有が楽になり、仕事を効率化することができます。

標準テンプレートの作成手順は以下のとおりです。

①スライドのサイズはA4を選択し、「スライドマスター」機能で「レイアウトマスター」の3ページ目以降を削除
②スライドタイトル欄を作成
③キーメッセージ欄を作成
④「ロゴ」「出典」「コピーライト」「ページ番号」を追加する

作成した標準テンプレートは保存しておけば、独自のテンプレートとして繰り返し使用でき、社内で共通利用するのに便利です。以下がその手順です。

「名前を付けて保存」→「参照」→「ファイルの種類」で「PowerPointテンプレート」[1]を選択→「名前をつけて保存」[2]

標準テンプレートを使うときは、potx形式で保存されたテンプレートファイルを開くと、テンプレートが反映された新規のプレゼンテーションが開きます。

※1 テンプレートの拡張子は「.potx」　※2 具体的にどこのフォルダに保存されるかは「ファイル」→「オプション」→「保存」→「個人用テンプレートの既定の場所」で指定または確認することができる

■ スライドサイズはA4を指定する

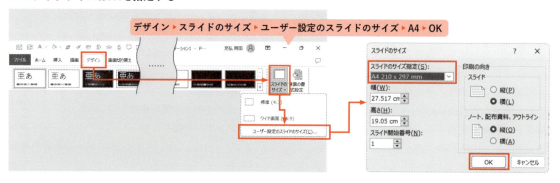

デザイン ▶ スライドのサイズ ▶ ユーザー設定のスライドのサイズ ▶ A4 ▶ OK

■ スライドマスターを表示する

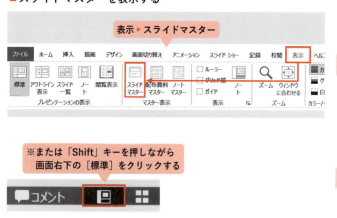

表示 ▶ スライドマスター

※または「Shift」キーを押しながら画面右下の［標準］をクリックする

スライドマスター

レイアウトマスター

迷いなく活用するために、レイアウトマスターの3ページ目以降は削除しておく

■「スライドタイトル」欄を作成する（マスター表示の状態で実施）

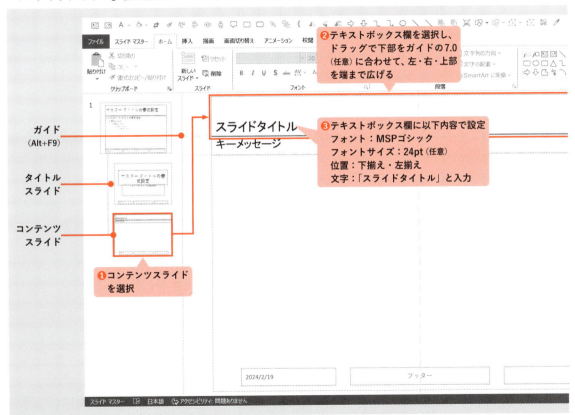

■「キーメッセージ」欄を作成する（マスター表示の状態で実施）

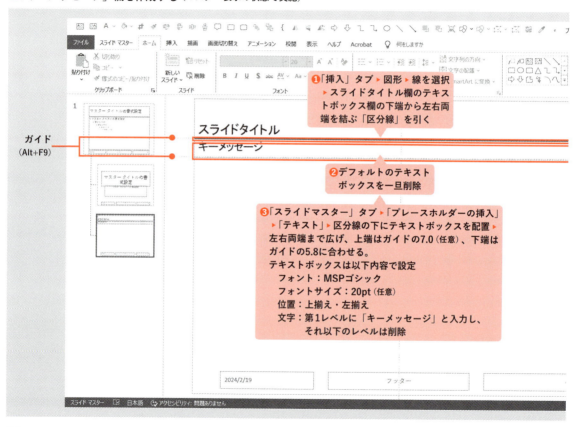

■「ロゴ」「出典」「コピーライト」「ページ番号」を追加する（マスター表示の状態で実施）

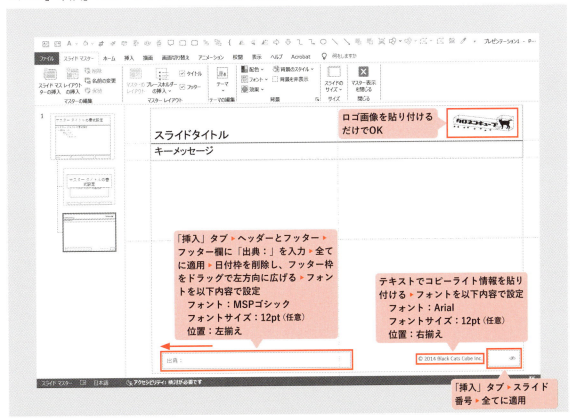

営業／
企画／技術

09

ガイドの表示でスライド間の
文章や図形の位置ズレをなくす

POINT
・図形や文章の位置がそろっていると、読み手に正確性や信頼性を示せる
・図形や文章の位置決めに、ガイド機能を利用して迷いをなくす
・ガイド機能で、レイアウト調整の手間が省け、時短やストレス軽減になる

　図形や文章の位置がスライドによって微妙にずれている資料をよく見かけます。連続してページ送りをすると、それが顕著に現れます。

　私がかつて働いていたコンサルティング業界では、こういった事象は許されませんでした。スライド間の図や文章の端が1ピクセルでもずれていれば、作り直しを命じられました。
　一般の会社では、ここまでこだわることは少ないかもしれません。ですが、**図形や文章の位置がそろっていることで、資料全体に洗練された印象を与えるだけでなく、読み手に正確性や信頼性を示すことができます。**

　図形や文章の位置をそろえるには、パワーポイントの「ガイド」機能が有効です。ガイドは「位置決め線」と言ってもいいでしょう。
　先述の標準テンプレートなどで一度ガイドを設定しておけば、スライドごとに図形や文章の位置決めで迷うことがなくなります。

　ガイドの具体的な使い方は以下の通りです。

▶ ガイドの表示方法

Alt + F9、または「表示」→「ガイド」（非表示にするのも、Alt + F9）

▶ ガイドを追加する方法

ガイド上で「Ctrl」を押しながらドラッグ、またはガイド上で右クリック→「グリッドとガイド」→「▶」をクリック→「垂直方向のガイドを追加」／「水平方向のガイドの追加」

▶ 追加ガイドを削除する方法

追加したガイド上で「Ctrl」を押しながらスライドの端までドラッグ、または追加したガイド上で右クリック→「削除」（始めの垂直水平ガイドは削除できません）

ガイドの利用シーンとして多いのは、次のようなときになります。

標準テンプレート作成時

「スライドタイトル」や「キーメッセージ」「ロゴ」「出典」「コピーライト」「ページ番号」の位置決め

通常のスライド作成時

同種の「スライドタイプ」や「レイアウト」のスライド間における図形やテキストボックスの位置決め

資料作成の位置決めやレイアウト調整は、意外と時間が取られてしまうものです。時短やストレス軽減にもつながりますので、ぜひガイド機能を活用してみてください。

■ガイドの表示／非表示、垂直・水平への追加の方法

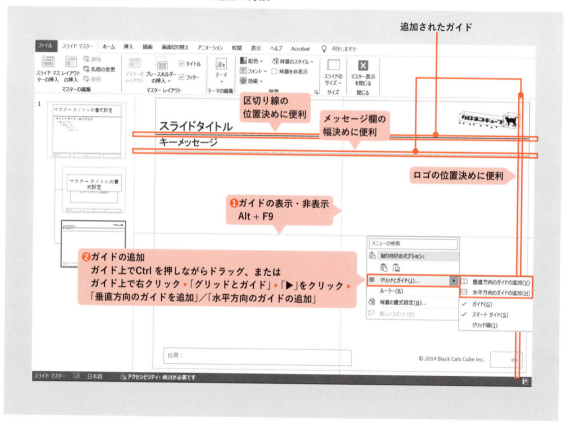

■追加ガイドの削除方法

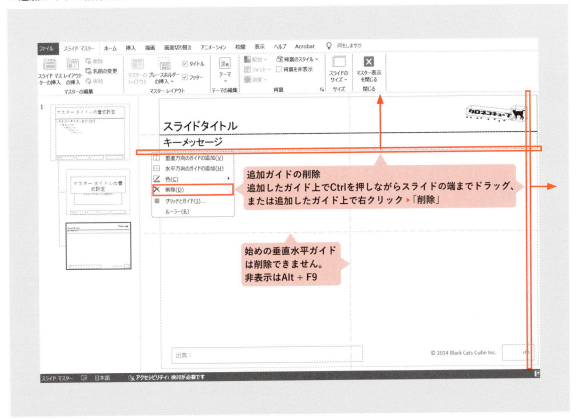

営業／
企画／技術

10 アウトライン機能を使って 基本構成をスライド化する

POINT
・ストーリー作成に「アウトライン表示」を使うと効率や品質が上がる
・アウトライン表示で、見出しやプレースホルダー内の文字編集が容易に
・アウトライン表示で、全体のストーリーに無理がないかを確かめられる

パワーポイントの標準テンプレートやガイドの準備ができたら、前章で作った「スライドタイトル」や「キーメッセージ」などのストーリー情報を流し込んでいくことになります。

これは、あらかじめワードやエクセルでまとめたストーリー情報をパワーポイントに流し込んでいく方法と、いきなりパワーポイント上でストーリー情報を作っていく方法とがあります。

私の場合は、一手間省きたいのでいつも後者の方法を採っています。

私のようにいきなりパワーポイント上でストーリーを作っていく場合、「伝えるべきこと」すなわち「背景」「課題」「解決策」「効果・事例」から取りかかるのがいいでしょう。

そのときにおすすめしたいのが、パワーポイントの「アウトライン表示」です。これを使うと使わないのとでは、資料作成の作業効率や作業品質が大きく異なってきます。

アウトライン表示は、見出しやプレースホルダー（文字や図形の入力領域）内の文字列の順番入れ替えや階層調整が容易に行えるため、比較的ボリュームのある

資料作成時には重宝されます。

　また、**プレゼンテーション全体のストーリーに無理がないかを確かめるのに大変便利**です。

　もしまだ使っていない人がいれば、使い慣れておくことを強く推奨します。

　アウトライン表示で基本構成をスライド化することができたら、「標準表示」に切り替えて、いよいよスライドの中身を作っていくことになります。

COLUMN

◆ アウトライン表示の意外な使い方

　アウトライン表示は資料を作成するときに便利なのはもちろんのこと、他人の資料を読み解くときにも大変役立ちます。

　余談ですが、私は社外で講演する際に滅多にリハーサルを行わないのですが、その代わりに移動途中でアウトライン表示にして「ス

ライドタイトル」と「キーメッセージ」をざっと見流すことで、ストーリーを頭の中に入れるようにしています。

　そうすることで、スライドの中身に引っ張られず、流れを理解した上でアドリブの余地を残しておく、という意味でも大変都合がいいのです。

■「スライドタイトル」と「キーメッセージ」を効率的に入力・編集するため、アウトライン表示に切り替える

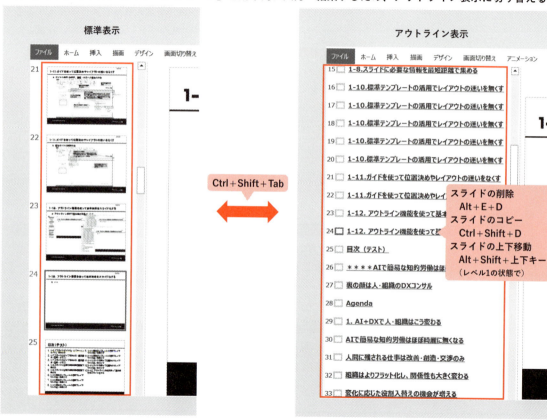

■ アウトライン表示で、レベル展開と段落編集の操作に慣れる

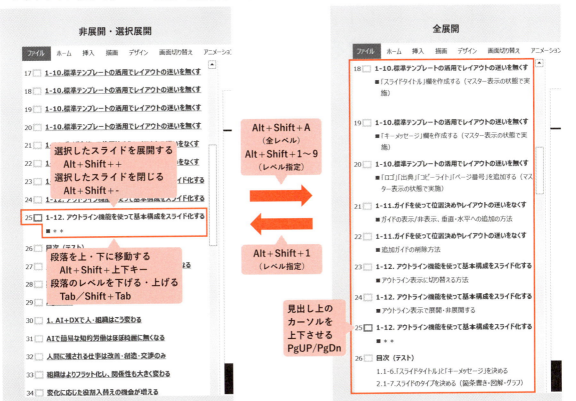

営業／
企画／技術

11

「タイトル」と「目次」で
資料の構成を明確にする

POINT

- ・スケルトン完成に向けて「伝えるべきこと」の前に「タイトル」「目次」を挿入
- ・タイトルスライドには、ロゴ・タイトル・発表日付・作成者を追加する
- ・目次スライドは構成を明確にし、読み手の心構えを作ることで理解を促進する

「伝えるべきこと」を中心に「スライドタイトル」や「キーメッセージ」をパワーポイントに落とし込むと、スケルトン（骨組み）の大きな流れが見えてきます。

そこから上司レビューを経て問題がなければ、**スケルトンを仕上げるために「伝えるべきこと」の前に「タイトル」「目次」、後に「サマリー」「結論」を挿入する**ことになります。

▶ **タイトルスライド**

タイトルスライドは、ロゴ、資料のタイトル、日付、作成者（会社・部署・氏名）を入れます。日付は、資料を提出する日または発表する年月日になります。

フォントの種類は、基本的に本文と共通のフォント

を使います。**かな文字はMSPゴシック、英数字はArialが基本**ですが、私の場合はあえて、**タイトルスライドやコンテンツスライドのタイトル部はインパクトのある「HGP創英角ゴシックUB」、本文は柔らかな印象を与えたいので「メイリオ」**を使用するようにしています。

さらに、社外秘であれば社外秘マークをスライド上部に、顧客に向けた提案書など宛名があればスライド左上に、「Ver2.0」や「最終版」など資料のバージョン情報があればタイトル近くに記載します。

▶ **目次スライド**

新商品発表会資料などネタバレを避けるためにあえ

■「タイトルスライド」を作成する

「ホーム」タブ ▶「スライド」グループ ▶「レイアウト」▶「タイトルスライド」

タイトルスライドはス
ライドマスターで作成
しておくと便利です。

ロゴ
画像を貼り付け

クロネコキューブ

タイトル
フォント：HGP創英角ゴシックUB
フォントサイズ：40pt（任意）
位置：下揃え・左揃え
スタイル：標準

水族館来館者数増加のための
プロモーション企画書

2024年3月1日
クロネコキューブ株式会社
代表取締役　岡田充弘

日付・作成者（会社／部署／氏名）
フォント：HGP創英角ゴシックUB
フォントサイズ：28pt（任意）
位置：上揃え・左揃え
スタイル：標準

て入れない場合もありますが、基本的には**目次スライドを入れることで資料の構成が明確になり、読み手や聴衆の心構えを作ることで理解を促進する**という効果があります。

　資料のページ数が多くなる場合には、冒頭の目次スライドとは別に章区切りに目次スライドを再掲することで、読み手や聴衆が迷子になるのを防ぐという効果もあります。

　目次スライドの作成は、先にスケルトン（骨組み）を作ってからアウトライン表示で全て折りたたんでスライドタイトルのみコピーし、用意した目次用のスライドのプレースホルダ（文字や図形の入力領域）に貼り付けると簡単に作成することができます。

■「目次スライド」を作成する

「ホーム」タブ ▶「スライド」グループ ▶「レイアウト」▶「タイトルとコンテンツ」

目次

1. 背景：　　　来館者数の推移

2. 課題：　　　来館者減少の原因

3. 解決策：　　来館者増加のための集客施策

4. 効果・事例：集客施策の効果

カラー帯（章区切りで利用時）
図形：長方形・グリーン
透過性：70%
位置：最背面

目次
フォント：HGP創英角ゴシックUB
フォントサイズ：32pt（任意）
位置：上揃え・左揃え
スタイル：標準

フォントの種類や大きさは、会社や資料の目的によって異なります。

© 2014 Black Cats Cube Inc.

■「目次スライド」を作成する(2段組みにする)

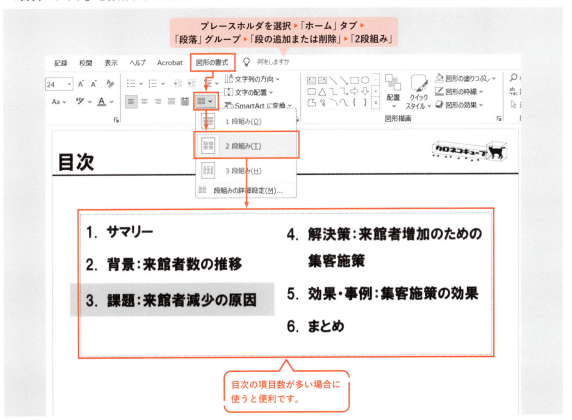

営業／企画

12

「サマリー」と「まとめ」で
理解を促し、背中を押す

POINT
- ボリュームのある複雑な報告書や提案書には「サマリー」「まとめ」を挿入
- サマリーは、資料の位置付けや概要を明らかにし、読み手の理解を助ける
- まとめは、資料内容の総括と今後の具体的なアクションを促す役割がある

「伝えるべきこと」の後に「タイトル」と「目次」のスライドができたら、いよいよスケルトン（骨組みスライド）完成に向けて、「サマリー」と「まとめ」のスライドを作ります。

作成はいずれもパワーポイントの「タイトルとコンテンツ」のレイアウト（コンテンツスライド）に箇条書きで書きます。

「サマリー」と「まとめ」は、コンサルティング業界などページボリュームのある報告書、または経営層に向けた内容が複雑な提案書などで見かけることが多いものです。

そのため、より訴求力を求める広告業界の提案書や、一般企業の商品企画書では省略されているケースもありますので、状況に応じて使い分けてもらえたらと思います。

▶ **サマリースライド**
サマリーは、資料を作るに至った経緯や資料の要約を示すものです。**資料の冒頭にサマリーを入れることで、資料の位置付けや概要が明らかになり、読み手の理解を助け、そもそも読むべき資料かどうかも含めて時間の節約に役立ちます。**

サマリーを作るということは、資料全体を要約する

ことなので、繰り返すことで作り手の頭の中が整理され、論理的なものの考え方や要約力が身に付くという副次的な効果もあります。

▶まとめスライド

まとめスライドは、資料内容の総括と今後のアクションを促す役割があります。

総括の部分は、サマリースライドの要約とほぼ同じ内容ですが、異なる点は、その最終目的が「人を動かすこと」にあるということです。

したがって、読み手に期待するアクションや自分のアクションを、時間軸や体制面含めて具体的に記載しておく必要があります。

■サマリーとまとめをスケルトンに落とし込む（水族館の場合）

**水族館来館者数増加のための
プロモーション企画書**

2024年3月1日
クロネコキューブ株式会社
代表取締役 岡田充弘

サマリー

■水族館の来館者数が前年同月比7%減少している

■その原因として、最近近隣にできた娯楽施設に人流が分散していることが考えられる

■来館者増加のための集客施策として、展示方法を従来の巡回型から体験強度の強い没入型に変更することが有効策と考えられる

■集客施策の効果として、既存顧客に加えてZ世代への訴求により来場者数15%増が期待できる

目次

1. 背景： 来館者数の推移
2. 課題： 来館者減少の原因
3. 解決策： 来館者増加のための集客施策
4. 効果・事例： 集客施策の効果
5. まとめ

背景：来館者数の推移

■来館者数が前年同月比7%減少している

課題：来館者減少の原因

■最近近隣にできた娯楽施設に人流が分散している

まとめ

■来館者数が前年同月比7%減少している原因として、近隣の娯楽施設に人流が分散していることが考えられる

■来館者増加のための集客施策として、展示方法を従来の巡回型から体験強度の強い没入型に変更する

■集客施策の効果として、既存顧客に加えてZ世代への訴求により来場者数15%増が期待できる

■前例のない施策につき、リスク軽減のためにまずはパイロット的に小規模短期間での実施を提案する

■3月10日（水）までに本企画の推進と、スケジュール・体制について、承認を頂きたい

営業／
企画／技術

13

スライド右上にナビゲーションを付けて現在地を示す

POINT
・ナビゲーションはスライドが全体の中でどの位置にあるのかを明示
・まず全体像を表すスライド、次に内訳スライドの右上にナビゲーションを掲載
・ナビゲーションは、ショートカットキーを使うことで簡単に作成できる

資料の流れを示すのにもう1つ有効な方法が、「ナビゲーション」です。ナビゲーションとは、今表示されているスライドが、資料全体の中でどの位置にあるのかを明示するものです。

▶ **スライド現在地を表す**

ナビゲーションを使う場合は、**はじめに全体像を表すスライドがあります。続いて、その内訳となるスライドの右上に、全体の中で今どの位置にいるのかを示すナビゲーションを掲載**します。

右ページの図では全体像が「ストーリー作成の3ステップ」で、その内訳が「❶スライド構成を考える」「❷タイトルとメッセージを決める」「❸スライドタイ

プを決める」の3ステップで、それぞれスライド右上に現在地を表すナビゲーションを表示しています。

▶ **ナビゲーションの作り方**

ナビゲーションは、ショートカットキーを使うことで簡単に作成することができます。

①ナビゲーションの元素材を範囲選択してコピー（Ctrl + C）
②形式を選択して貼り付け（Ctrl + Alt + V）で図（JPEG）を選択して縮小
③スライド右上に貼り付けたナビゲーション上の該当箇所を赤太字枠線で囲む

■ スライド現在地を表すナビゲーションの表示

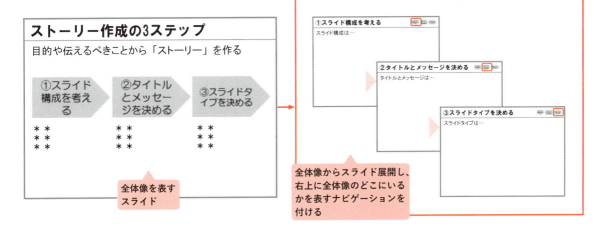

■ ナビゲーションの作り方

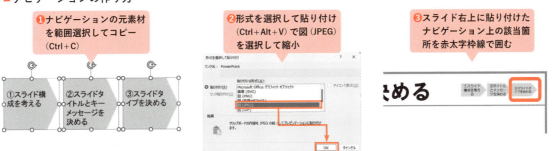

営業／
企画／技術

14

ビジネスフォントの基本は
「MSPゴシック」と「Arial」

POINT
・ビジネス資料における日本語文字フォントの基本は「MSPゴシック」
・ビジネス資料における英数字フォントの基本は「Arial」
・バラバラなフォントを一括置換でそろえる「フォントの置換」機能を使う

スケルトン（骨組みスライド）が完成したら、スライド作成のための共通ルールを設定します。ルールはおおむね「レイアウト」「文字」「矢印」「図形」「配色」に分かれますが、本書では特に重要な「文字」ルールについて取り上げます。

文字フォント（書体）は、種類やサイズ、色などの書式がありますが、スライドごとにバラバラだと視認性が悪くなるだけでなく、資料全体の信頼性が低くなってしまいます。

そこで文字フォントの共通ルールが重要になってくるのですが、**基本的には見やすさ重視して、過剰な装飾は控える**ことをおすすめします。

▶ 日本語はMSPゴシックが基本

ビジネス資料における日本語文字フォントの基本は「MSPゴシック」です。

MSPゴシックは、幅広い業界の資料作成に使われている万能フォントです。

MSゴシックとの違いは、MSゴシックが全ての文字の幅が均等であるのに対して、MSPゴシックは文字ごとに適切な幅に調整してあるので短く読みやすくなります。

▶ 英数字はArialが基本

英数字フォントの基本は「Arial」です。MSPゴシックと同様、ビジネス向けとして幅広く使われるフォ

ントです。

　日本語と英語が混じった文章の場合は、日本語はMSPゴシック、英語はArialなど、図解の「フォントのカスタマイズ」からそれぞれ異なるフォントを選びましょう。

▶ バラバラなフォントを一括置換でそろえる

　ちなみに複数の人が作ったスライドを統合した場合など、フォントの種類がそろっていない場合があります。

　そういうときに全てのフォントをチェックして変更するのは面倒なので、パワーポイントの「フォントの置換」機能を使っての一括変換をおすすめします。

■ フォントの特徴と資料での用途例

種類	特徴	資料での用途例
MSPゴシック	タイトルや本文に向いてる。フォーマルな印象	信頼感を得たいビジネス資料
MSP明朝	本文に向いている。よりフォーマルな印象	格調高く見せたいパンフレット
HGP創英角ゴシックUB	タイトルに向いている。ややカジュアルな印象	インパクトを与えたいプレゼン資料、タイトルや目次
メイリオまたはHG丸ゴシックM-PRO	本文に向いている。カジュアルな印象	柔らかな印象を与えたいプレゼン資料、見出し・本文

■英数字フォントはArialを選ぶ「フォントのカスタマイズ」

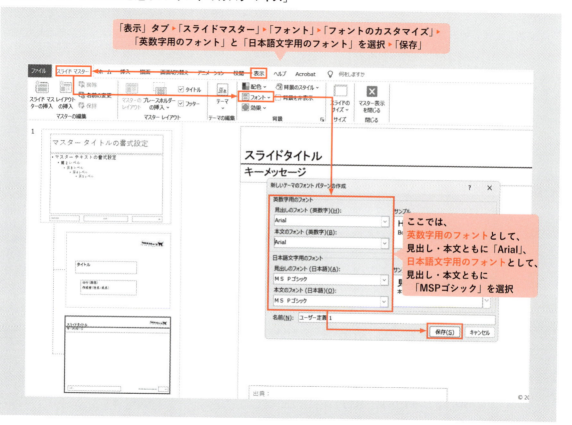

■ バラバラなフォントを一括置換でそろえる

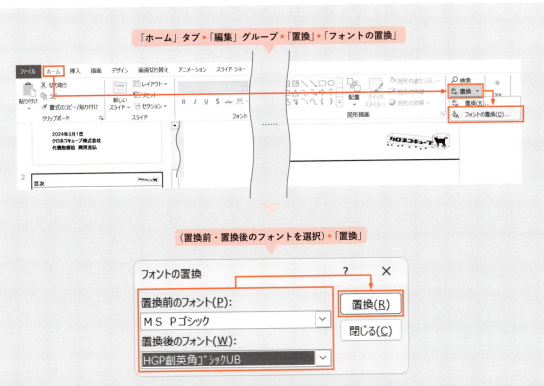

営業／企画

15 フォントの色を濃いグレーにして洗練感や柔らかさを出す

POINT
・洗練性や高級感を与えたいシーンでは濃いグレーが使われている
・黒と濃いグレーのどちらを使うかは、業界や資料の用途によって変わる
・濃いグレーは洗練された柔らかな印象を与え、読み手の目の負担を軽くする

　一般的なビジネス文書のフォント色には黒が使われていることが多いと思います。

　ただ、広告やデザインの企画書など、洗練されたイメージを相手に与えたい場合などは、フォントの色は黒ではなく濃いグレーが使われたりします。

　私が所属していた外資系コンサルティング会社でも、フォント色は基本的に濃いグレーが使われていました。これは比較的単価の高いサービス提供をする業態だったために、ドキュメントを通じて洗練性や高級感といった印象を与える必要があったからです。

　黒と濃いグレーのどちらが正解というわけではあ

りませんが、あなたが所属する業界が、金融業界や工業製品製造業など**フォーマルな印象が好まれる業界であれば黒**を使い、消費者向けのアパレルや化粧品、高級品、デザイン製品など**視覚的イメージが重視される業界であれば濃いグレー**を使われてみてはいかがでしょうか。

　あらためて、**濃いグレーを使うメリット**としては、**「洗練された柔らかな印象を与えることができる」「黒と比べて読み手の目の負担を軽減できる」**といった点が挙げられます。

　そう考えると、本当は現状よりもっと幅広いシーンで使われてもいいかもしれませんね。

■ 濃いグレーで文字の印象を変え、読みやすくする

真っ黒（#000000）

サマリー

■水族館の来館者数が前年同月比7%減少している

■その原因として、最近近隣にできた娯楽施設に人流が分散していることが考えられる

■来館者増加のための集客施策として、展示方法を従来の巡回型から体験強度の強い没入型に変更することが有効策と考えられる

■集客施策の効果として、既存顧客に加えてZ世代への訴求により来場者数15%増が期待できる

> 強めの印象になる

濃いグレー（#404040）

サマリー

■水族館の来館者数が前年同月比7%減少している

■その原因として、最近近隣にできた娯楽施設に人流が分散していることが考えられる

■来館者増加のための集客施策として、展示方法を従来の巡回型から体験強度の強い没入型に変更することが有効策と考えられる

■集客施策の効果として、既存顧客に加えてZ世代への訴求により来場者数15%増が期待できる

> 柔らかな印象になる

■ フォントの色を変える

区分	カラーコード	利用例
真っ黒	#000000	「フォントの色」の 左から2列目上から1番目
	#595959	「フォントの色」左から 2列目上から2番目
オススメ	#404040	「フォントの色」 左から2列目上から3番目
ダークグレー	#202124	Googleの検索窓
	#333333	Amazon、楽天の本文
	#262626	Instagramの本文

「ホーム」タブ ▶「フォント」グループ ▶
「フォントの色」▶「その他の色」▶「ユーザー設定」▶
「Hex」欄にカラーコードを入力 ▶「OK」

テーマの色

標準の色

最近使用した色

🌐 その他の色(M)…

🖋 スポイト(E)

第2章　スラスラ読める「伝わるスライド」を作成する

061

営業／企画

16 フォントサイズは配布用14pt以上、投影用20pt以上で

POINT

・配布用資料のコンテンツスライドのフォントサイズは１４pt以上を推奨
・投影用資料のコンテンツスライドのフォントサイズは20pt以上を推奨
・タイトルと目次のスライドは、コンテンツスライドよりも大きめを推奨

　資料作成に不慣れな段階の悩みの一つがフォントサイズをどうするかだと思います。

　結論から言えば状況によっても変わるため唯一絶対の答えはないのですが、ビジネスシーンで役立つ一定の基準をご紹介したいと思います。

▶ **配布用資料は14pt以上**

　配布用資料で使用するフォントサイズは14pt以上を推奨します。会議等で配布された資料を参加者が手元に置いて読むスタイルのため、全体的に小さめのフォントサイズになります。

▶ **投影用資料は20pt以上**

　投影用資料で使用するフォントサイズは20pt以上を推奨します。これもまたスライドの内容やプロジェクターなどの投影環境によってもフォントサイズは大きく変わってきます。

　なお、私の場合は以下のような配布用と投影用のどちらでも使えるフォントサイズで作っておいて、できるだけ変換の手間を省くようにしています。

　スライドタイトル：36pt
　キーメッセージ：32pt
　小見出し：28pt
　本文：20pt

■配布用資料は14pt以上、投影用資料は20pt以上で（コンテンツスライド）

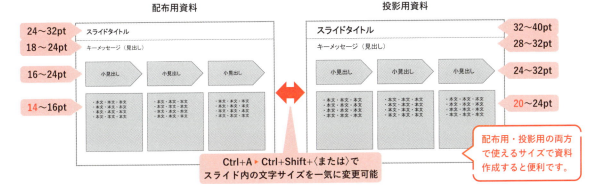

■タイトルスライドと目次スライドは他スライドより大きめのフォントで

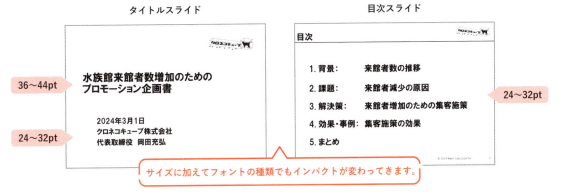

営業／企画

17 箇条書きは1項目40文字以内で 3項目にまとめる

POINT
- 箇条書きは、読み手の理解を助け、書き手の考えを整理することができる
- 箇条書きは、①文章を分解、②階層化、③見やすく仕上げるの流れで作成
- 分解時は、①漏れなくダブリなく、②並びに意味を、③主語・文末をそろえる

前章で収集したスライド情報をスケルトン（骨組みスライド）に流し込むに当たって、長文のまま行うと読み手にとっては不親切になります。

そこで役に立つのが箇条書きです。**箇条書きは通常、❶「文章を分解する」、❷「階層化する」、❸「見やすく仕上げる」の3ステップで作成します。**

❶「文章を分解する」は、長文に句読点を付けて分解していくことで、最終的に**1項目40字以内で3項目にまとまることを目指します。**

なぜ40字以内3項目かというと、それ以上だと人間の理解を超えてしまうからです。

文章を分解する際のポイントは以下の3つです。
❶漏れなくダブリなく
1つの項目に2文以上書かないように気を付ける、類似の文章をまとめて項目数を絞る
❷並びに意味を持たせる
「重要度順」「時系列順」「種類別」などで箇条書きの順番を決める
❸主語・文末をそろえる
箇条書きの主語は基本的に同じにする、文末を用言または体言止めでそろえる

次の項目では箇条書き作成ステップの❷「階層化する」について説明していきます。

■ 箇条書き作成の3つのステップ

収集情報
(詳細説明型／
根拠証明型)

スケルトン
(骨組みスライド)

❶ 文章を分解する
❷ 階層化する
❸ 見やすく仕上げる

伝えたいことを1項目40文字以内で箇条書き3項目にまとめる

■ 伝えたいことを1項目40文字以内で箇条書き3項目にまとめる

元の文章

■ 水族館の来館者減少の原因

水族館への来館者が減少しているのは、商圏となる○○エリアの人口流入・流出はほぼ均衡しているのに対して、最近近隣にできた娯楽施設に人流が分散していることが原因と考えられる。加えて、当社ではコスト削減を理由に長年のあいだ設備更改を先延ばしにしてきたため、設備が老朽化し、顧客にとって目新しさが損なわれてきている可能性がある。

3つに分解

■ 水族館の来館者減少の原因

①○○エリアの人口流入・流出はほぼ均衡している(顧客の話)

②最近近隣にできた娯楽施設に人流が分散している(競合の話)

③設備更改の先延ばしで目新しさが損なわれてきている(自社の話)

①漏れなくダブりなく、②並びに意味を持たせる、③主語・文末をそろえる

「重要度順」「時系列順」「種類別」など

営業／企画

18

箇条書きはビュレットポイントを使って3階層内に収める

POINT
- 箇条書きを階層化すると、豊富な情報を整理し、わかりやすく伝えられる
- 階層化は、MECE（漏れなく・ダブりなく）を意識して、3階層以内に収める
- 階層化は、標準のビュレットポイントを定めると読み手が理解しやすくなる

前項目の箇条書き作成ステップ❶「文章を分解する」に続いて、❷「階層化する」について説明します。

ビジネスでは**階層のある箇条書きが多用されます。**これは箇条書きの階層化で、豊富な情報を整理し、よりわかりやすく伝えられるからです。

▶**MECEを意識して階層化する**

箇条書きの階層構造をよりわかりやすくするには、MECE（漏れなくダブりなく）の考え方を念頭に置いておく必要があります。

また、階層は多いほどよいわけではなく、**最大でも3階層以内に収めます。**これ以上階層が深くなると、

情報量が多すぎて理解しづらくなるからです。

なお、パワーポイントを使った箇条書きの階層化は、次ページの下の図で示しているようにいくつか便利な方法があります。

Tab、Shift + Tab、Alt + Shift + 上下キー

▶**標準のビュレットポイントを定める**

また、階層ごとに標準のビュレットポイントを明確に定めることで、読み手にとっての理解度がより高まることでしょう。

ちなみに私の場合は、第1階層は「■」、第2階層は「➢」、第3階層は「‐」を使っています。

■ 箇条書き作成の3つのステップ（再掲）

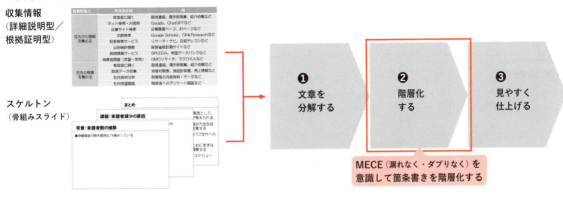

■ MECE（漏れなく・ダブりなく）を意識して箇条書きを階層化する

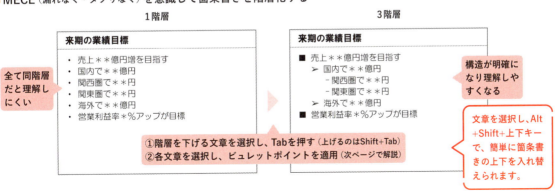

■ ビュレットポイントの設定方法

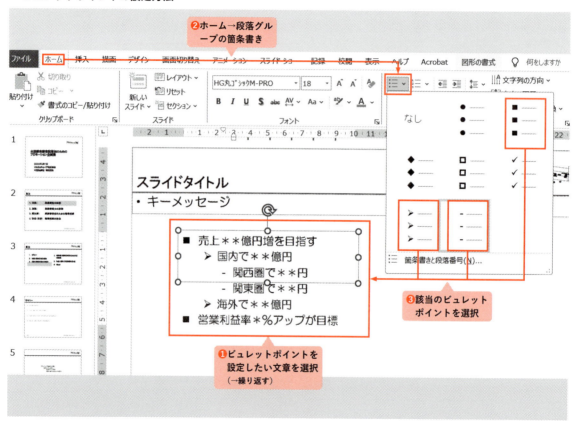

営業／企画

19 箇条書きをパワーポイントの機能で見やすく仕上げる

POINT
- インデントマーカーで箇条書きの階層構造にスペースを取って見やすくする
- 段落前の行間を調整して箇条書きのまとまりを示し、全体を見やすくする
- 小見出し（タイトル）を挿入して、箇条書きをよりわかりやすくする

　箇条書き作成ステップ❶「文章を分解する」、❷「階層化する」に続いて、❸「見やすく仕上げる」について説明します。

▶ ビュレットポイント・文頭の位置を決める
　ルーラー表示（Alt＋Shift＋F9）で、ビュレットポイントと文字の位置を調整できます。段落内の階層構造でどのくらいのスペース（インデント）を取るかによって、箇条書き全体の内容理解がよりスムーズになります。

▶ 段落前の行間を空ける
　箇条書きが完成したら、段落前の行間を調整します。**行間を調整することで、箇条書きのまとまりを示すこ**とができます。まとまりが明確になると、箇条書き全体が読みやすく、理解しやすくなります。

▶ 小見出しを付ける
　箇条書きの内容によっては、文章が長くなってしまう場合もあります。そういった場合は、**「小見出し」と呼ばれるタイトルを挿入すると、内容がさらに理解しやすくなります。**
　また「小見出し」があることで、読み手はより深く知る必要があると思えば箇条書きを読み、必要がないと思えば箇条書きを読まないという判断ができるようになります。

第2章 スラスラ読める「伝わるスライド」を作成する

■ 箇条書き作成の3つのステップ（再掲）

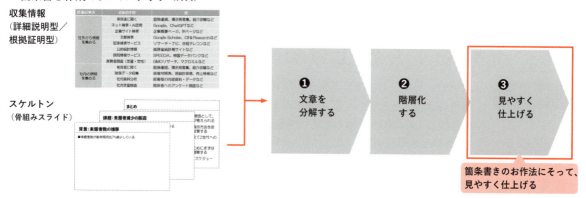

■ インデントマーカーでビュレットポイント・文頭の位置を決める

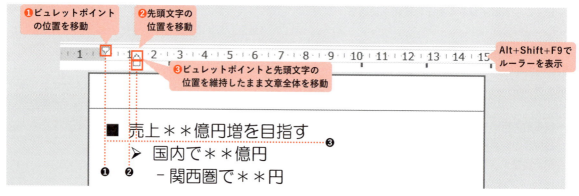

■ **段落前に行間を空けて、箇条書きのまとまりを示す**

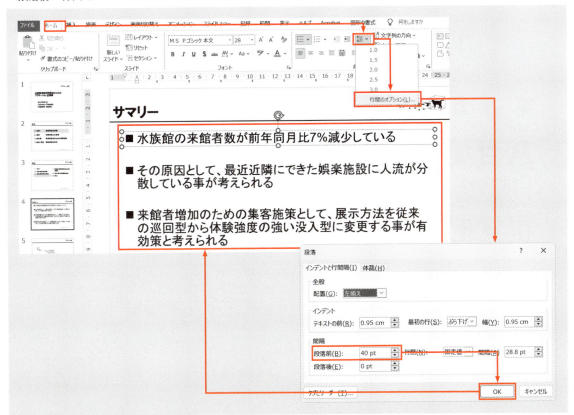

第 3 章
八百屋に看板なし、「図解」を使って視覚的に伝える

想いの全てを伝えようとする気持ちが強ければ強いほど、文字量が増えて読みにくいスライドになりがちです。内容としては正しくても、読み手は最初から最後まで全て目を通さなければならず、パッと見て瞬時に内容を理解することができません。

限られた時間しかないプレゼンだと、文章の多いスライドはそもそも読んでもらえない可能性もあります。また、読んでもらえたとしても、直感的

■ 文章だけのスライドも、図解を使うとわかりやすくする

に内容がつかめないのは不親切といった感想を持たれます。重要な文言の色を変えるなどすると多少は読みやすくなるかもしれませんが、それでもまだわかりやすい資料からは遠く感じられます。こういった資料は、いかに文章を減らし視覚情報に置き換えるかがポイントになります。

▶ 文章を分解して図解で表現する

そこで、文章をいくつかに分け、それぞれの内容の関係性を図解で表現してみます。そうすると文章だけのときよりも、ずっと伝わりやすくなることがわかるはずです。図によって位置関係が把握できるので、伝えたい内容の構造が一目でわかるようになるのです。

文章だけのスライドを作ってしまう人は、文章を減らしてなるべく図解やビジュアルを見せることを心がけましょう。

■ 図解作成の4ステップ

メッセージの構造化	表現要素の抽出	関係性の設定	作成
スライドのメッセージや情報をツリー構造化	メッセージを元に、キーワードを表現要素として抽出	要素（キーワード）間の関係性を設定	図形や矢印にて図解加工し、メッセージを強調

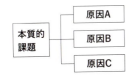   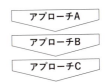

営業／
企画／技術

20 よく使う図形の特徴を押さえる

POINT
- 四角形は、集合体や組織など具体的なものを表すのに向いている
- 円や楕円形は、ビジョンや課題など概念的なものを表すのに向いている
- スケジュールやステップなど五方向矢印は、流れや時間軸を示すのに向いている

資料作成で頻繁に用いられるのが図形です。ただ多くの人は図形の使い方に一定の知識や基準があるわけではなく、ただなんとなく図形を使っている人も多いようです。

例えば、あるスライドの小見出しには楕円形を使い、別のスライドの小見出しには四角形を使うといった感じで、資料全体で図形の使い方に一貫性がない資料をときどき見かけます。

図形の使い方に一定の基準やルールがないと、書き手が表現したいことと、読み手が図形から感じ取ることとの間にギャップが生じてしまいます。

このギャップは読み手の理解を妨げ、無意識のうちに「なんとなくわかりにくい資料だな」「パッと見てわからないなぁ」といった印象を与えることになってしまいます。

このようになんとなく図形を決めるのではなく、「こういう場合は楕円形を使う」「こういう場合は四角形を使う」といったように、**図形を使う場合のルールを決めておく**ことで、わかりやすい資料を作ることができます。

そのためには、それぞれの**図形が持っている特徴を理解**しておくことが大切です。

資料作成で最も多く使われる図形は四角形です。**四**

■図形の特徴と使い方

図形名	形	特徴と使い方
鋭角四角形/ 角丸四角形		集合体や組織を表す。また文章を囲む枠としても利用。 堅い資料は鋭角四角形、カジュアルな資料は角丸四角形を使用。 両者併用せず
円/楕円		主に概念的なものを表すときに複数で使用
五方向矢印/ 山形矢印		流れやステップ、作業工程などを表すときに使用
吹き出し		コメントや注釈など、補足事項を加えるときに使用
メモ/ フローチャート		書類やメモを示す図として使うほか、 訂正箇所や補足説明を加えるときに使用
星		注意ポイントや強調ポイントを示すときに使用

角形は具体的なものを表すのに向いています。例えば、集合体や組織を表すのに向いています。

なお、四角形でも堅い資料は鋭角四角形、柔らかい資料は角丸四角形を使うといいでしょう。ちなみに角丸四角形の角の丸みはドラッグで調整できます。

続いてよく使われる**円や楕円形は概念的なものを表すのに向いています**。例えばビジョンや課題といったものが円・楕円形で表すのに向いています。

その他によく使われる図形として、五方向矢印や吹き出しがあります。

五方向矢印は流れや時間軸を示すのに向いています。例えばスケジュールやステップを表すのに使われる場合が多いです。**吹き出しは、コメントや注釈など、補足事項を加えるときに使います**。

その他にもいろいろありますが、各種の図形の特徴や使い方を正しく理解すれば、直感的でわかりやすい資料を作れるようになるはずです。

■ **角丸四角形の角の丸みをドラッグで調整する**

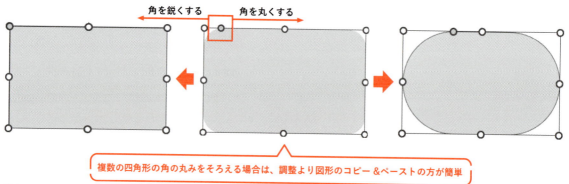

複数の四角形の角の丸みをそろえる場合は、調整より図形のコピー&ペーストの方が簡単

営業／
企画／技術

21 | 図形に余計な影は付けない

POINT
- 見やすく品のある資料にするには、影付けや立体化など過度な装飾を避ける
- 近年は "フラットデザイン" と呼ばれる平面的でシンプルなデザインが好まれる
- 影を消去するには「書式タブ」→「図形の効果」→「影」→「影なし」を選択

　資料中の図形に影を付けたり立体化するなど、図形に何らか"効果"を加えている資料を見かけることがあります。

　おそらく作者は図形を目立てせることで資料をわかりやすくしようとしたのだと思います。ですが実際は、かえってわかりにくくなってしまっているケースが少なくありません。**見やすく品のある資料にするには、図形の影付けや立体化など過度な装飾は避ける**ことをおすすめします。

　また近年は **"フラットデザイン"と呼ばれる平面的でシンプルなデザイン**が好まれる傾向にあります。iPhoneのあのシンプルなUI（ユーザーインターフェース）でもおなじみですよね。

　この**フラットデザインの考え方に沿うと、図形は枠なしの単色で塗りつぶされたシンプルなスタイルを取る**ことになります。

　ちなみに人から受け取ったパワーポイント資料などで、元から図形に付いていた影を消去するには、対象の図形を選択した状態で「書式タブ」→「図形の効果」→「影」から「影なし」を選びます。影がなくなりスッキリとした見た目になったのではないでしょうか。

　また、「反射」や「光彩」などその他の図形の効果についても同様に、「図形の効果」から消去することが可能です。

第3章　八百屋に看板なし、「図解」を使って視覚的に伝える

■ 図形は基本的にフラットデザインで

「図形の効果」を施したスライド

水族館の来館者減少の原因

来館者減少の原因として、以下の3つが考えられる

| 顧客の原因 | ○○エリアの人口流入・流出はほぼ均衡している |

| 競合の原因 | 最近近隣にできた娯楽施設に人流が分散している |

| 自社の原因 | 設備更改の先延ばしで目新しさが損なわれてきている |

フラットデザインを採用したスライド

水族館の来館者減少の原因

来館者減少の原因として、以下の3つが考えられる

| 顧客の原因 | ○○エリアの人口流入・流出はほぼ均衡している |

| 競合の原因 | 最近近隣にできた娯楽施設に人流が分散している |

| 自社の原因 | 設備更改の先延ばしで目新しさが損なわれてきている |

影なし、効果なし、枠線なしで、スッキリした印象に

■ 余計な影を消すには「図形の効果」から

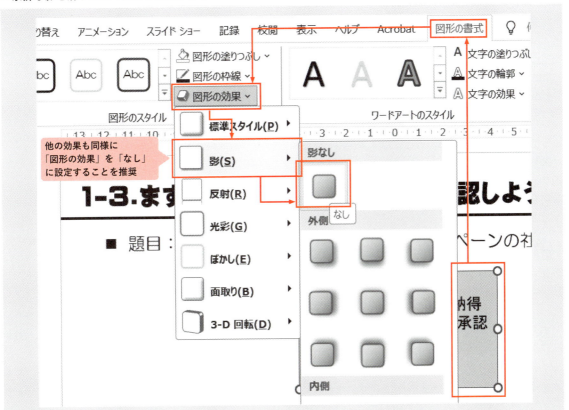

営業／企画

22 | 図形の色は原色を避ける

POINT
- 配色ルールとしてベースカラーとアクセントカラーを資料作成前に決める
- 他社のコーポレートカラーなどを使いたい場合はスポイド機能を使う
- 原色は目に差し込む強さがあるため、落ち着いた印象を与えたい場合は避ける

資料の配色は作り手のセンスや好みによるところもあり、人によってバラつきが生じがちです。バラツキを防ぐには、**会社やチームで資料の配色ルールを設定しておくこと**です。

配色ルールとして「ベースカラー」と「アクセントカラー」を資料作成に着手する前に決めておきます。**「ベースカラー」は資料の中で一貫して使い続ける色で、「アクセントカラー」は強調したい部分に使う色**です。

ベースカラーはコカ・コーラのような**コーポレートカラーや業界のイメージカラーを用いる手もあります。**また「ベースカラー」に隣接する2色は類似色として同様の使い方ができます。

またアクセントカラーは基本的にベースカラーの対局にある色が選ばれます。

これでいくと**ベースカラー1色、両隣の隣接2色、アクセントカラー1色の計4色を基本色として資料作成で使うことになります。**

▶希望の色をスポインドで吸い取る

他社のコーポレートカラーや業界のイメージカラーを使いたい場合には、パワーポイントのスポイド機能を活用するのがおすすめです。スポイド機能を使うことで、WEBやロゴに使われている色を抽出し、その色を資料に利用する色として適用することができます。

■ 希望の色をスポイドで吸い取る

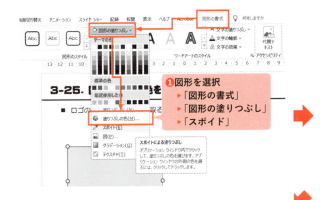

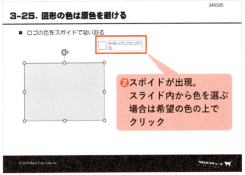

営業／
企画／技術

23 図形の余白は最小限に

POINT
・デフォルト設定では、図形の余白は大きめに設定されている
・図形の余白を小さくすることで、より多くの文字が入れられる
・「図形の書式設定」機能を使って図形の余白を最小限にする

　図形に文字が入り切らず、フォントサイズを小さくしたり、図形に重ねたテキストボックスに文字を入れることでしのいだことがある人もいると思います。

　ただ、図形のフォントサイズを小さくすると、文字が読みづらくなりますし、他の図形文字との統一感が失われてしまいます。図形にテキストボックスを重ねるのも、移動や複製時にグループ化などの一手間が増えるので、できれば避けたいところです。

　そこでおすすめなのが、図形の余白を調整して文字を入れる方法です。パワーポイントのデフォルト設定では、図形の余白は大きめに設定されていて文字があまり入りません。そこで図形の余白を小さくすることで、より多くの文字を入れられるようになります。

　もちろん、多くの文字を入れられるからといって、図形に文字を詰め込みすぎると読みやすさが損なわれてしまうので注意が必要です。

▶「図形の書式設定」で余白を最小限に

　パワーポイントの「図形の書式設定」機能を使って図形の余白を最小限にします。

　具体的には図形の左右の余白がデフォルトで0.25cmになっているものを、0.13cmに変更します。図形の右クリックから「図形の書式設定」を開き、左右の余白の数値を変更します。これで図解の中に文字が多く入るようになります。

■ 図形の書式設定で図形の左右余白を変更する

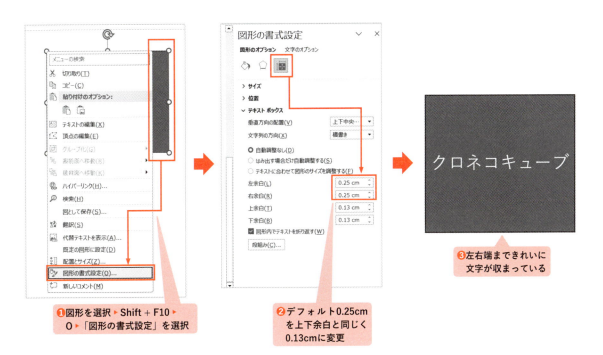

営業／企画／技術

24 図形の縦横位置をそろえる

POINT
- 複数の図形を配置する際は、縦と横をそろえると見栄えが良くなる
- 自動表示される補助線を利用すると、図形の配置をきれいにそろえられる
- 図形をそろえるコマンドを、クイックアクセスツールバーに登録しておくと便利

■ 補助線を利用して縦横位置をそろえる

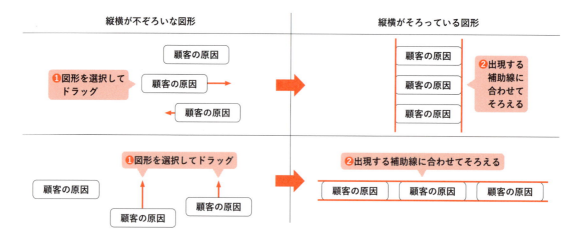

1枚のスライドに複数の図形を配置する際は、必ず縦と横をそろえるようにします。

なお、パワーポイント2016からは、図形を動かすと他の図形と位置をそろえるための補助線が自動的に表示されるようになっています。

また、パワーポイントには図形をそろえるためのコマンドが用意されています。図形を縦に整理したい場合、①複数の図形を選択した状態で、②「ホーム」タブ→③「配置」→④「配置」→⑤「左ぞろえ」「上下に整列」を選びます。横に成立させたい場合、「左ぞろえ」「上下に整列」の代わりに、「上ぞろえ」「左右に整列」を選びます。

■ クイックアクセスツールバーで縦横位置を最速でそろえる

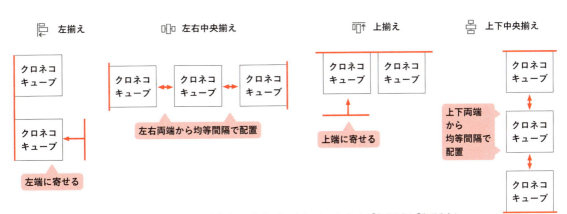

※メニューの階層が深く面倒なため、クイックアクセスツールバーに「左ぞろえ」「上ぞろえ」「上下に整列」「左右に整列」のコマンドを追加しておくと、手軽に使えるようになる

営業／
企画／技術

25

図形の集合や重なりで概念を示す（集合関係）

POINT
・集合関係は明確な線引きがしにくい概念を表すのに向いている
・集合関係には「並列関係」「包含関係」「重複関係（ベン図）」がある
・集合関係の図解は、標準ツール「SmartArt」を使うと効率的に作成できる

　ここまでで、図解の基本と図形の扱い方を押さえることができました。ここからは、いよいよ個別の図解表現の説明へと入っていきます。

　そもそも、伝えるべきことは、図である前は文章の状態であることが多かったと思います。そして、その文章をどのように図解表現すれば、読み手に伝わりやすくなるかが作り手の腕の見せ所になってくるというわけです。

　図解表現の中でも、**集合関係は明確な線引きがしにくい概念を表すのに向いています。**
　集合関係をさらに分類すると、**円を並べることで**

「並列関係」を、**中に置くことで「包含関係」**を、**重ねることで「重複関係」**を表すことができます。
　これらを組み合わせることで、様々な概念や関係性を表現できますので、ぜひ押さえておくようにしましょう。

　特に重複関係は、一つ一つの要素の特性だけでなく、絡み合ったときに何が生まれるのかを示せるため、より深みのある表現ができます。このような図はベン図とも呼ばれ、要素そのものよりも重なっている部分から重要な示唆を得られるのが特徴です。

▶ 図解の作成に「SmartArt」を使う

集合関係などの図解を作成する際に、一から図形を組み合わせて作るのもいいのですが、せっかくならより効率的に作成したいですよね。

そこでおすすめなのが、Office 2007 から加わって、近年種類や使い勝手が充実してきているパワーポイントの標準ツール「SmartArt」です。

目的に応じた豊富な図解パターンが用意されているのが特徴です。図形の書式設定や文字入力などは少し慣れが必要かもしれませんが、慣れてしまうと細かいレイアウト調整に要する時間が省けるので、トータルでは作業時間の短縮につながるのではないでしょうか。

個人的にも昔に比べてずいぶん使えるものになってきたと感じています。

■ 概念の説明に適した3つの集合関係図

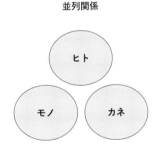

並列関係

「一般的な経営資源として、ヒト・モノ・カネがある」という意を表す図

包含関係

「エクストラネットはインターネットの技術をベースとした企業間ネットワークで、イントラネットの利用範囲を特定の企業間に広げたもの」という意を表す図

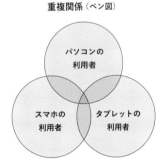

重複関係(ベン図)

利用するデバイスが重複する人・しない人を表す図。属性の違いをイメージするのに便利

■ 集合関係などの図解の作成に「SmartArt」を使う

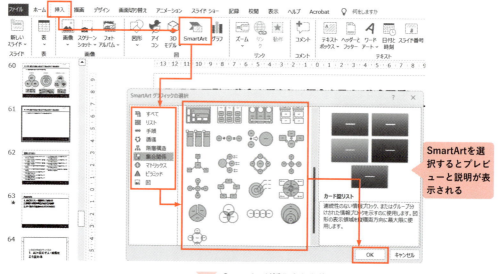

営業／
企画／技術

26

SmartArtにない
「ベン図」を自作する

POINT

・円を使って集合の共通点や相違点を視覚的に表す図を「ベン図」という
・ベン図を構成する3つの集合は、「図形の結合」にある「切り出し」を使って導く
・切り出しは「図形を結合する」と「SmartArtを図形変換する」方法とがある

　集合の重複関係や相互関係を示すのに、円を使って集合の共通点や相違点を視覚的に表した図を見たことがありませんか？　これは**「ベン図」と呼ばれる図形で、2つの円形の一方がA、もう一方がBとすると、その重なり部分は「AかつB」となります。**

　ベン図は「SmartArt」機能を使って簡単に挿入できますが、説明内容によっては「AだけどBではない」「AかつB」「BだけどAではない」といった3つの集合をそれぞれ強調したい場合があると思います。

　このように集合のそれぞれを強調するベン図は、「SmartArt」だけでは対応できません。そんなときは**パワーポイントの「図形の書式」から「図形の結合」にある「切り出し」を使います。**

▶ 挿入した図形の結合から切り出す方法

「挿入」タブから「図形」→「楕円」を挿入します。「Shift」キーを押しながらドラッグすることで真円を描くことができるので覚えておくと便利です。真円をコピーして位置を調整し、2つの円を選択した状態で「図形の結合」から「切り出し」を選択することで、各図形に分解することができます。あとそれぞれの図形に色をつければ完成です。

　また、切り出しの方法としてSmartArtを図形変換するというものもあります。この場合、円の大きさや位置が自動的に調整される分、前者の図形の挿入よりも便利になります。

■挿入した図形の結合から切り出す方法

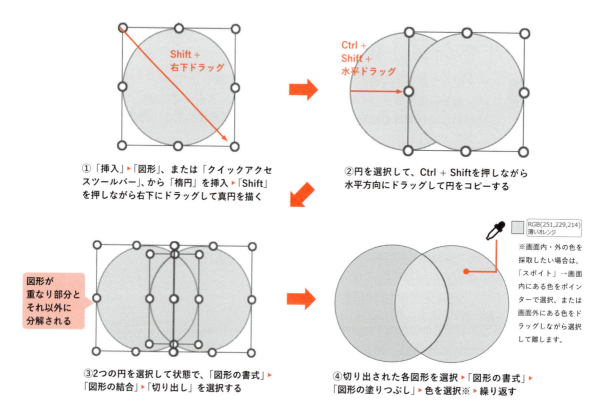

①「挿入」▶「図形」、または「クイックアクセスツールバー」、から「楕円」を挿入▶「Shift」を押しながら右下にドラッグして真円を描く

②円を選択して、Ctrl + Shiftを押しながら水平方向にドラッグして円をコピーする

図形が重なり部分とそれ以外に分解される

③2つの円を選択して状態で、「図形の書式」▶「図形の結合」▶「切り出し」を選択する

④切り出された各図形を選択▶「図形の書式」▶「図形の塗りつぶし」▶色を選択※▶繰り返す

RGB(251,229,214) 薄いオレンジ

※画面内・外の色を採取したい場合は、「スポイト」→画面内にある色をポインターで選択、または画面外にある色をドラッグしながら選択して離します。

■ SmartArtを図形に変換して結合する方法

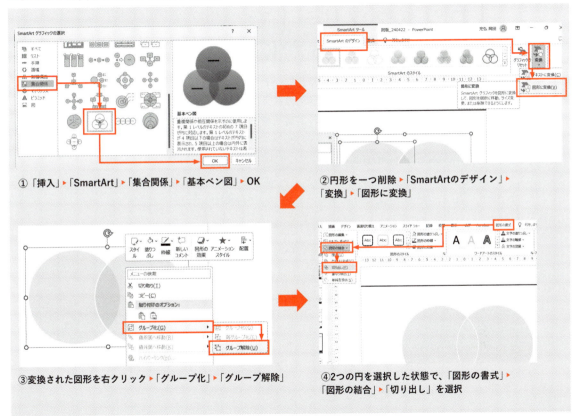

① 「挿入」▶「SmartArt」▶「集合関係」▶「基本ベン図」▶ OK

② 円形を一つ削除 ▶「SmartArtのデザイン」▶「変換」▶「図形に変換」

③ 変換された図形を右クリック ▶「グループ化」▶「グループ解除」

④ 2つの円を選択した状態で、「図形の書式」▶「図形の結合」▶「切り出し」を選択

営業／
企画／技術

27

「ロジックツリー」で
因果関係を明らかにする（因果関係）

POINT
・ビジネスでは因果関係が説明できないと、人はなかなか動いてくれない
・因果関係を視覚化するにはMECEの考え方を元にしたロジックツリーが向いている
・ロジックツリーは、図解作成の下書きや、そのまま図解として使ったりする

　わかりやすい資料とは、相手の頭の中の「なぜ？」にきちんと答えている資料です。逆に言うと、何の説明もなく、ただ「○○してください」とだけ書かれている資料を見た人は、「なぜそれをしなくてはならないのか？」と疑問に思いますよね。

　そう、因果に関する説明が不足しているのです。「因果」とは原因と結果、またはその関係性を表します。ビジネスではこの因果関係が説明できないと、人はなかなか動いてくれません。

　因果関係を視覚化するにはロジックツリーが向いています。ロジックツリーは28ページにも登場したMECE（漏れなくダブりなく）の考え方をもとに因果関係を視覚化・構造化したものです。一般的には、文章や単語が書かれた四角形を直線（カギ線）や矢印（カギ線矢印）で枝状につないで作成します。

　また、**ロジックツリーは、図解を作るための下書きとして使ってもいいですし、そのまま図解として使う場合もあります。**
　大切なのは、読み手により伝わりやすくなることと、作る過程で作り手の頭の中が整理され理解が深まることにあります。ぜひ作り方・使い方のコツをつかんでほしいと思います。

　ちなみに私が外資コンサル時代に最も鍛えられたことの一つでもあります。

■MECEで整理した仮説のロジックツリーを図解化する（29ページの図を再掲）

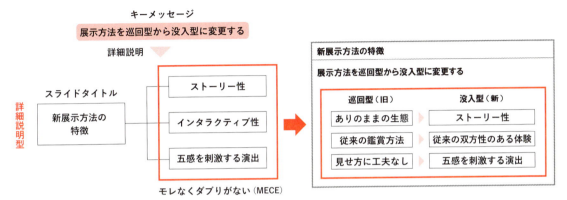

営業／
企画／技術

28

「マトリクス」で現在地と方向性を明らかにする（位置関係）

POINT
・ペイオフマトリクスは「効果」と「実現性」の2軸で表される分析フレームワーク
・ペイオフマトリクスを施策検討に活用すると、投じる時間やお金の無駄がなくなる
・4象限で優先順位が視覚化され、一覧やグラフより多面的に施策の特徴をつかめる

　位置関係を表す図解として用いられるのがマトリクスです。マトリクスは2つの軸の間に要素をプロットすることで、各要素の特徴を視覚的に把握することができます。

　中でもビジネスシーンでよく使われるのが、**ペイオフマトリクス**です。
　ペイオフマトリクスとは、複数の施策やアイデアを「効果」と「実現性（or難易度）」の2軸でプロットする、優先順位付けのための分析フレームワークです。
　施策検討にペイオフマトリクスを活用することで、施策に無駄なく時間やお金を投じられるようになります。また、4つの象限によって優先順位が視覚化され

るため、一覧やグラフよりも、多面的に施策の特徴をつかむことができます。

　なお、実際の**「効果」はリターンや影響範囲、「実現性（or難易度）」は費用や期間、工数**といったもので測られます。

　ペイオフマトリックスで視覚化される4つの象限について説明していきます。

❶「効果：高」×「実現性：高」の象限
❷「効果：高」×「実現性：低」の象限
❸「効果：低」×「実現性：高」の象限
❹「効果：低」×「実現性：低」の象限

一般的に❶は効果・実現性ともに高く取り組みやすいので、この象限にある施策は最優先で実行に移していいでしょう。

　意見が分かれやすいのが、❷のような実現性は低いが成果が期待できるものを優先するか、❸のような成果は低くても実現性が高いものから実行していくか、といったところです。実際には、市場環境や経営方針を踏まえて総合的に判断されるはずです。

　❹のように実行時に成果が期待できず、逆に手間やコストがかかるものは、優先順位は最も低くなります。しかし、これまた長期視点では顧客満足度や収益性を高めるために必要な場合もありますので、一概に即撤退と言えない場合もあることだけは頭の片隅に入れておきましょう。

■ ペイオフマトリクスで施策の優先順位を整理する

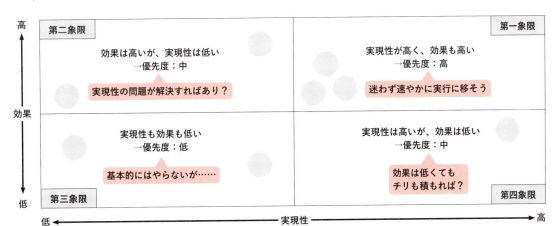

営業／企画

29 「右肩上がり図」で成長を想像させる（発展関係）

POINT
- 持続的な成長を想起させたい場合は、発展関係を表す「右肩上がり図」がおすすめ
- 横軸は「時間」、縦軸は「成長」を取り、使用ケースは「組織の発展」などがある
- 作り方は❶「四角形と矢印を組み合わる」、❷「SmartArtから選択する」の2つ

　持続的な成長を想起させたい場合には、発展関係を表す「右肩上がり図」を使うといいでしょう。基本的に横軸は「時間」、縦軸は「成長」を表します。右肩上がり図を使用するケースとしては「組織の発展」や「技術の向上」などがあります。

　例えば、組織が再成長していく道筋を描きたい場合、「負の解消期」「基礎固め期」「応用・発展期」「未来創造期」といったフェーズに分けて右肩上がりに並べていくことで、組織の発展を表すことができます。
「右肩上がり図」を使うと基本的に持続的な成長が説明しやすくなるので、組織の「未来設計図」や「将来像」を表すのに向いていると言えます。

「右肩上がり図」の作り方としては、❶四角形と矢印を組み合わせて作る方法と、❷SmartArtから選択する方法、の2つがあります。

　どちらもパワーポイントでの作成を想定していますが、❶はより自由度が高く、自分の表現したいことをそのまま図解に盛り込むことができます。❷については自由度に限界はありますが、パワーポイントの標準機能ですので図解作成の手間が大幅に省けます。

　なお、「右肩上がり図」は、組織成長や事業展開、施策導入のほか、研修カリキュラムの図解などにも役立てることができます。

■「発展関係」を示す右肩上がり図の作成方法

❶四角形と矢印の組み合わせで作成

右肩上がりで描くと「成長」や「勢い」を感じさせることができる

成長軸／時間軸

Phaze4 未来創造期
Phaze3 応用・発展期
Phaze2 基礎固め期
Phaze1 負の解消期

❷SmartArtから選ぶ

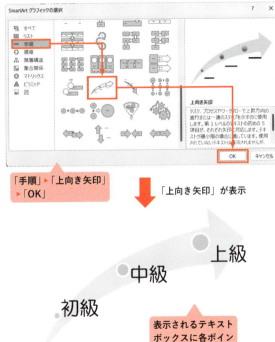

「手順」▶「上向き矢印」▶「OK」

「上向き矢印」が表示

表示されるテキストボックスに各ポイント内容を入力

初級／中級／上級

第3章　八百屋に看板なし、「図解」を使って視覚的に伝える

097

営業／企画

30 「アプローチ図」でフェーズやタスクを示す（手順関係）

POINT
- プロジェクトの流れや内訳は、ブロック矢印と四角形で明示することを推奨
- この図は「アプローチ図」と呼ばれ、フェーズとタスクで構成される
- タスクの因果関係が一目でわかるため仕事の段取りがイメージしやすくなる

これまで多くの企画書や提案書をレビューしてきました。そして、プロジェクトの進め方のページになると、スケジュール情報が箇条書き、または一覧形式で羅列されているケースがよくありました。

資料を作った本人は思い入れや全体像が頭の中に入っているのかもしれません。ただそれを、内容を知らない他人が見ると、なかなか頭に入ってきづらいものになっていました。

ですから、スケジュールを並べるのではなく、そもそも**どうやって進めていくのかという全体感を読み手につかんでもらう**必要があります。**その上でタスクの前後関係が理解できている**状態にしなくてはなりません。

そうすることで、**プロジェクトの関係者が、全体の進め方やタスクの前後関係を把握していることで、無用な作業やトラブルを避けることができるようになります。**

▶ **プロジェクトの流れと内訳を明示する方法**

図解表現するには、大きな流れを表すフェーズ、またはステップをブロック矢印で作り、フェーズの下に四角形で作ったタスクを前後関係がわかるようつないでいきます。それにより、フェーズ1と2のタスクのアウトプットがフェーズ3のタスクのインプットになるなど、タスクの因果関係が一目でわかるため仕事の

段取りがイメージしやすくなり、スケジュールや締切の重要性も理解されやすくなります。

　この図は**フェーズとタスクで構成される「アプローチ図」とよばれるもので、プロジェクトの進め方を示す典型的なフォーマット**です。複数人で計画的に事を運ぶような仕事に携わる人は、頻繁に登場するはずなので覚えておくことをおすすめします。

■「ブロック矢印」と「四角形」でプロジェクトの流れとタスクを説明する

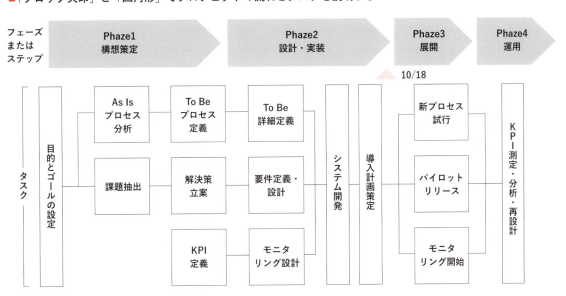

企画／技術

31 「プロセスマップ」で 誰が何をするかを示す（手順関係）

POINT
・「アプローチ図」より具体的な仕事の進め方や手順を示すのが「プロセスマップ」
・左側の縦軸に「人」、上部の横軸は「ステップ」、四角形は「アクション」を表す
・矢印の間に判断のアクションを入れるなど、複雑なプロセスを表現することも可能

　前項の「アプローチ図」はプロジェクトの大きな流れやタスクを示すものでしたが、本項ではより**具体的な仕事の進め方や手順を示す「プロセスマップ」**について説明します。

　例として、企業における予算策定の手順について取り上げます。

　なお、**図解の基本は一つの図形に一つの要素です。図形内に複数の主語が含まれた文章が存在していると読み手は混乱してしまいます。**
　プロセスマップの作成に当たっては、できるだけ文章を省いて簡略化することを目指します。
　左側の**縦軸に登場人物**、上部の**横軸はステップ**、四角形は**アクション**を表します。四角形は矢印でつないで順序がわかるようにします。要は、仕事と人は分けて表現しているのです。

　プロセスマップはフロー図ともよばれ、手順や担当者をわかりやすく示すことができます。そのため、業務の表現に使われることが多く、業務改善を専門とするコンサルタントや基幹業務システムの要件定義を行うSEにとっては必須のフォーマットになります。

　時には矢印の間に判断のアクションを入れることで、分岐させたり前の手順に戻ったりするなど、より複雑なプロセスを表現することもできます。

■ 縦軸は「人」、横軸は「ステップ」、四角形は「アクション」を表す

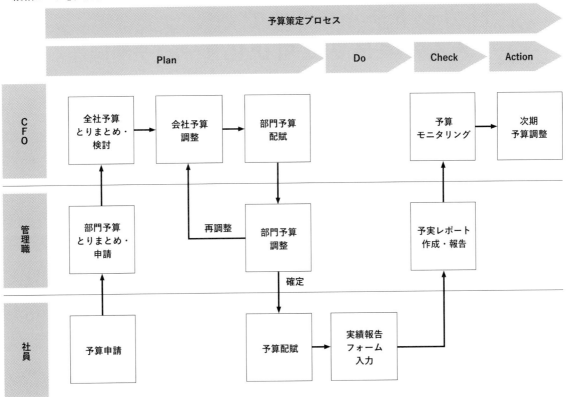

営業／
企画／技術

32

POINT

「ガントチャート」で
タスクの長さを可視化する（手順関係）

- 期限までにどう実現するかを示すのに適しているのが「ガントチャート」
- 縦軸にタスク、横軸を時系列に取り、各タスクにかかる期間をブロック矢印で示す
- ブロック矢印が並列に並ぶことで、同時進行で進むタスクが一目で把握できる

　ここまで手順関係を表す図解として、アプローチ図やプロセスマップについて説明してきました。

　本項では、**手順関係の中でもより時間の概念が強く反映された図解「ガントチャート」**についてご紹介します。

　「やることを決めて、やり方についても理解はできたが、後は本当に期限までにできるのか？」といったことが、決裁権者の関心事だと思いますが、**その実現性を示すにはガントチャートが適しているでしょう。**タスクに期間を入れると一気に現実味を帯びてくるからです。**ガントチャートは縦軸にタスク、横軸を時系列にして、それぞれのタスクにかかる期間をブロック矢**

印などで示します。

　なお、ブロック矢印が並列で並んでいる箇所からは、同時進行でタスクを進めるということがわかります。プロジェクト進行の決済がおりていない場合でも、先を見込んだスケジュールを見せておくことで、実現性や本気度を示すことにもなります。

　図解とは概念や数値を視覚化することです。「時間」という概念は数字情報も含まれているため、ブロック矢印や四角形の長さで表現しやすい要素です。図解で時間の要素が出てきた場合は横軸に取り、長さを表現することを意識しましょう。

■ アプローチ図（98ページ）をガントチャート化し、スケジュールやタスクの長さを表現

		1.構想策定		2.設計・実装					3.展開			4.運用		
Phase	Task	1	2	3	4	5	6	7	8	9	10	11	12	1
1-1	目的・ゴール設定	▰												
1-2	As Isプロセス分析		▰											
1-3	課題抽出		▰											
1-4	To Beプロセス定義		▰											
1-5	解決策立案		▰											
1-6	KPI定義		▰											
2-1	To Be詳細定義			▰	▰									
2-2	要件定義・設計			▰	▰									
2-3	モニタリング設計				▰									
2-4	システム開発					▰	▰	▰						
2-5	導入計画策定							▰						
3-1	新プロセス試行								▰	▰				
3-2	パイロット・リリース								10/18	▰				
3-3	モニタリング開始									▰				
4-1	KPI測定・分析・再設計											▰	▰	▰

営業／
企画／技術

33

「循環図」を使って
スパイラルやサイクルを表す（循環関係）

POINT
・周期的に繰り返される事象を図解で表現したい場合は、「循環図」が有効
・細部にこだわって循環図を作成したい場合は、図形を組み合わせて一から作成する
・手軽に循環図を作成したい場合は、パワーポイントの「SmartArt」を使う

　図解で**繰り返される流れを表現したい場合は、「循環図」が有効**です。循環図では複数の要素が順々に影響している状況が表されており、周期的な事象や行動を説明するのに使われます。

　循環図には「ボックス循環」や「円型循環」など数種類ありますが、ここではより循環性を強調する「連続性強調循環」を取り上げます。

　なお、循環図の細部にこだわって加工したい場合は、図形を組み合わせて一から作成するのがいいと思いますが、ここではより手軽で便利なパワーポイントの「SmartArt」を使って循環図を作成する方法を説明します。

▶SmartArtで循環図を図形に変換

　メニューの「挿入」→「SmartArt」→「SmartArtグラフィック」が開き「循環」を選択→選択エリアから「ボックス循環」を選択→OK→スライド上に表示されたSmartArtからボックスを一つ削除→右クリック→「図形に変換」→グループ化→グループ解除→各図形の色・文字を変更。

　なお、図形に変換する前にSmartArtを選択して「SmartArtのデザイン」→「色の変更」から一気に図形の色を変えることもできるのですが、私の場合はセミカスタマイズしたいので、早い段階で図形化した上でそれぞれ加工するようにしています。

■ SmartArtを使って循環図を作成

「挿入」▶「SmartArt」▶「循環」▶「ボックス循環」を選択 ▶ OK ▶ ボックスを一つ削除 ▶ 右クリック ▶ 「図形に変換」▶ グループ化
▶ グループ解除 ▶ 各図形の色・文字を変更

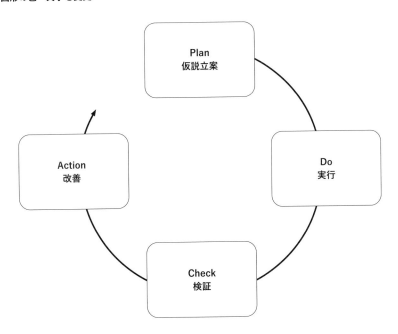

営業／
企画／技術

34

「ピラミッド図」で
上位下位の関係を表す（階層構造）

POINT

・「ピラミッド図」は階層的な事象を説明するのに適した普遍性の高い図解
・階層の順番は、序列の高さやたどるべきステップなど、表現によって様々
・ピラミッド図を使うメリットは、作成が簡単で、読み手にとってわかりやすいこと

　食生活指針を示すフードピラミッドやマズローの欲求5段階説などで見られる図解は「ピラミッド図」とよばれます。ピラミッド図は三角形を何層かに分けた形状をしており、集団や概念のヒエラルキー（階層）を表現するのに向いています。

　階層の順番は、会社の役職や1軍・2軍のような上に行くほど序列の高さを表したり、下から上に向かってたどるべきステップを表したり、マズローの欲求5段階説ように、上に行くほど数が少なく高次になっていくなど、表現したいことによって様々です。
　そしてピラミッド図を使うメリットは、作り手にとって作成が簡単で、読み手にとってわかりやすいことでしょう。

　ちなみに私がピラミッド図をよく使うのは、頂点に位置するシンプル概念がいかに幅広く多様な要素によって支えられているかを指し示したい場合です。
　例えば、頂点を企業の存在意義を表すパーパスとして、次いで企業の目指すべき姿を示すビジョン、そして何を実現すべきかのミッション、それらをどのように実現するかのバリュー、といった感じです。

　ピラミッド図の作成方法はいくつかありますが、手軽なのはやはりパワーポイントのSmartArtでしょう。階層も簡単に増減できますし、図形の色・文字の変更も一般的な図形を扱うのと変わりません。

■ **SmartArtを使ってピラミッド図を作成**（マズローの欲求5段階説）

「挿入」▶「SmartArt」▶「ピラミッド」▶「基本ピラミッド」を選択 ▶ OK ▶ 図形左に表示されるテキストボックスに入力 ▶ 3段階を超えてテキストを追加すると段階が追加 ▶ 右クリック ▶「図形に変換」▶ グループ化 ▶ グループ解除 ▶ 各図形の色・文字を変更

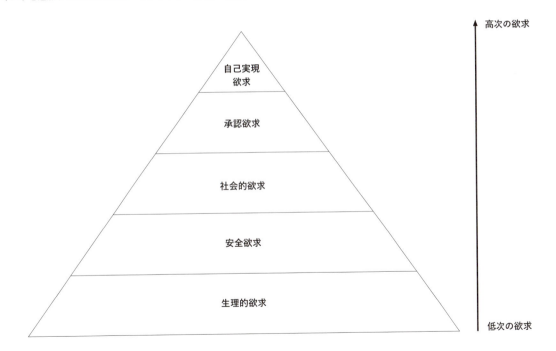

第 **4** 章

数字は物語る、「グラフ」を使って資料に説得力を持たせる

数字が持つインパクトを最もストレートに示すのがグラフです。この章では、これだけ覚えておけば大丈夫といった基本的なグラフの使い方とその応用について押さえていきます。

ここでは「量」「推移」「順位」「内訳」を表す基本的な4つのグラフをご紹介します。連続した量を比較する棒グラフ、変化の推移を表す折れ線グラフ、順位（ランキング）を表す横棒グラフ、内訳を表す円グラフ、この4つです。

❶棒グラフ（量の比較）

売上データなどを時系列で見せるのが一般的な使い方です。縦軸は数量軸、横軸は年月や期など連続する時間軸となります。

❷折れ線グラフ（変化の推移）

縦軸は変化を表す数値で、横軸は時系列です。棒

グラフとの違いは、変化の度合いを見せるため縦軸の起点は必ずしもゼロである必要がないという点です。

❸横棒グラフ（順位を表現）

横棒グラフは立て棒グラフを横にしたものとは異なり、同じ属性のデータを順位付けして見せるものです。順位ですので、縦軸の起点は必ずしもゼロにする必要はありません。

❹円グラフで（内訳を表現）

円グラフはデータの内訳を示すのに適しています。棒グラフのような長さの比較に比べて、面積や角度は比較が難しいため、正確性を必要とするデータの比較には向いていません。私がかつて勤務していたコンサルティング会社では、多用しないように促されていました。

■ 基本の4つのグラフの特徴

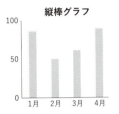

連続的な特定の量を表す
・縦軸は数値や量などの数量軸
・横軸は年月や期など連続する時間軸
・基点はゼロ

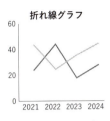

物事の変化や傾向を表す
・縦軸は変化を表す数値
・横軸は時間軸
・基点はゼロとは限らず

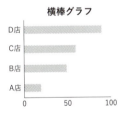

属性内の順位や比較を表す
・縦軸は比較項目
・横軸は順位や比較を表す数値
・基点は必ずしもゼロではない

データ全体の内訳を表す
・内訳の割合を面積で表す
・角度の微妙な違いを比較し難い
・推移比較には向かない

営業／
企画／技術

35

データの比較は3D化を避けて「棒グラフ」で表現する

POINT
- 複数のデータを比較したい場合は、グラフの3D化はノイズになるため避ける
- 複数の種類のデータを扱う場合は、グラフにデータ系列と凡例を追加する
- 表したいデータが予測値の場合は、グラフの外枠に点線を用いる

　グラフの中でも最もベーシックで使いやすい棒グラフですが、利用においていくつか注意点があります。

▶ **グラフの3D化は極力避ける**

　データを使って何をしたいかによっても適切なグラフは変わります。例えば複数のデータを比較したい場合、棒グラフの3D化はおすすめしません。長さや面積に着目すべきところに体積情報を含む立体表現が混ざるとノイズになってしまうからです。また立体が重なると後ろのデータは見づらくなります。

▶ **データの系列を追加する**

　グラフ内で複数の種類のデータを扱うには、以下の方法でデータの系列を追加します。

　挿入→グラフ→棒グラフでグラフを挿入、または既存の棒グラフを右クリック→データの編集を押すと、元となるデータがExcel形式で開きます。そこの1行目にデータの「系列」を追加することで、A店・B店・C店などのデータの種類を表すことができます。

▶ **グラフに凡例を追加する**

　棒グラフの系列を示す凡例（図では「A店・B店・C店」の表示部）は、グラフエリアをクリックした際に右横に表示される「＋」ボタンをクリック→「凡例」にチェック→右に表示される「＞」ボタンを展開→「上下左右」を選択すると、エリア内の指定した位置に凡例が

表示されるようになります。グラフで複数のデータ系列が表示される場合には、視認性をよくするのでおすすめです。

▶ 予測値は点線で表す

　表したいデータが予測値の場合、グラフの外枠に点線を用いることで、その旨を表しやすくなります。

■ グラフの使い方一つで視認のしやすさはこれだけ違う（店舗別売上高推移の例）

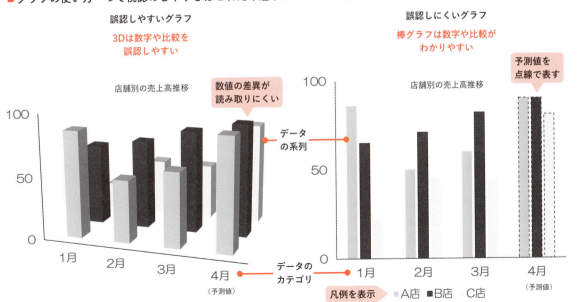

企画

36

「滝グラフ」を使って
低減効果を視覚的に見せる

POINT

・改善効果をグラフで表す場合、増減を視覚的に表現すると伝わりやすい
・滝グラフは、水が流れるイメージで改善幅や成長幅がどれくらいかを表せる
・滝グラフは、どの施策がより大きなインパクトを与えたかを把握しやすい

　例えば、**業務改善施策の効果をグラフで表したい場合**に、削減額だけを棒グラフ化してもそれ単体での削減効果はわかりますが、削減前と比較してその施策がどの程度効果があったのかまではわかりません。削減だけでなく増加も同じですが、**ある基準からどのくらい増えたか減ったかはできるだけ視覚的に表現できた方が、資料の読み手に伝わりやすくなります。**

　そんなときに便利なのが、**滝グラフまたはウォーターフォールチャート**と呼ばれるグラフ表現です。これは、**その名のごとく水が流れるイメージで改善幅や成長幅がどれくらいかを表すことができ、前の状態にどのような数値変化が加わって後の状態になったのか**がわかります。右ページの図では、デジタル化の前に、業務標準化をしっかり行うことで、より大きな改善効果が見込めるというメッセージが含まれています。

　滝グラフは、数値変化の最終結果だけでなく、そこにいたる複数の施策や要因のうち、どれが数値結果により大きなインパクトを与えたのかを視覚的に把握するのに適しています。

　なお、この滝グラフはウォーターフォールという名称で、最近のパワーポイントの標準グラフとしてメニューに加えられています。とても簡単に作成することができるので、ぜひ使ってみてください。

■ グラフ機能からグラフを作成

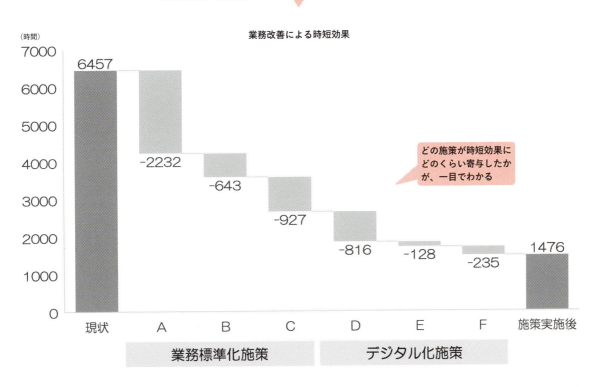

営業／
企画／技術

37

量の変化は棒グラフより
「折れ線グラフ」で見せる

POINT

・年代別でデータ比較を扱う場合、棒グラフだと年代間で棒が離れて比較が難しい
・折れ線グラフだと、同年代は縦に比較でき、年代間は折れ線を追って比較できる
・同じデータでも、グラフを変えると見る角度が変わり複数の視点で比較できる

　量を表すときに棒グラフが用いられる場合が多いのですが、年代別のブランド認知率といったデータを扱う場合、棒グラフを使うと各年代（カテゴリ）におけるブランド（系列）の認知率の比較はできても、年代間の比較は棒が離れているため難しくなります。

　そこで有効なのが**折れ線グラフ**です。**グラフ内に複数の折れ線を用いることで、同年代におけるブランド別の認知率は縦に量を比較できますし、同ブランドにおける年代間の認知率は折れ線を追うことで一目で比較できるようになります。**同じデータでも、グラフの種類を変えてデータを見る角度を少し変えることで、複数の視点で比較ができるようになるのです。

　右ページの図のケースは「年代」「ブランド」「認知率」という3つの数値をどの角度で、どの形で見るのかを考える必要があり、単純な量の比較ではありません。したがって「量＝棒グラフ」という思い込みは捨てて、他の新しい見せ方を考える必要があるのです。今回はたまたま折れ線グラフが最適解でしたが、見せたい内容や分析したい内容によっては、また別のグラフ選択もありえるでしょう。

　近年のパワーポイントのグラフ機能は種類が充実しているので、いろいろ試してみることをおすすめします。思いがけず自分にとって使いやすいグラフが見つかることがあるかもしれません。

■ グラフ機能からグラフを作成

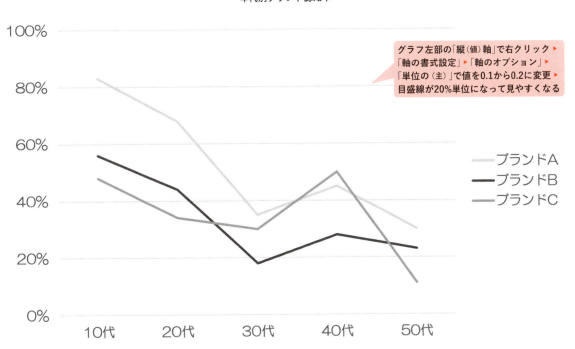

営業／
企画／技術

38

単位が異なるデータを扱うには「2軸グラフ」を使う

POINT

・異なるグラフを並べて数値の大きさや単位が違うと、比較判断ができない
・片方の目盛りの単位を変え、2軸のグラフにすると異なる3つのデータを扱える
・2軸グラフで有名なパレート図は、全要素の中から重要項目を抽出するのに便利

　棒グラフと折れ線グラフなど、**異なる種類のグラフを並べて比較する場合、扱う数値の大きさや単位が異なると一つの軸ではどちらかが極端に小さく見えて、目視判断を誤ってしまう可能性があります**。また、金額と％のような、そもそも同じ目盛りでは比較できないものもあります。**このような場合には、片方の目盛りの単位を変えて、2軸のグラフにする**ことをおすすめします。

　2軸グラフの作成の仕方ですが、パワーポイントのグラフ機能を使ってまずは「集合縦棒-第2軸の折れ線」を作成し、その後「データの編集」を使って「系列3」を％表示に変更します。その後はグラフの色や

凡例の表示位置などを整えれば完成です。

　また、2軸グラフの一つとして**パレート図**が有名です。**パレート図は棒グラフと折れ線グラフの複合図で表され、ある事象の構成要素を大きい順に並べて全体の中で大きな影響を与えている問題を特定することができます**。製造業の改善活動などでボトルネックの発見に利用されたりします。パレート図の作成方法としては、通常の2軸グラフを作成するときと同じように、パワーポイントのグラフ機能を使って「集合縦棒-第2軸の折れ線」を作成し、「データの編集」で項目の数量の多い順にデータを並べ、「系列3」を件数の累積比率として％表示すれば完成です。

■ グラフ機能からグラフを作成（2軸グラフ）

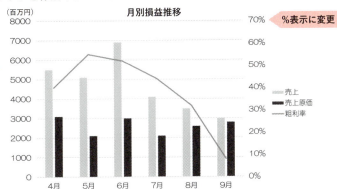

「挿入」▶「グラフ」▶「組み合わせ」▶「集合縦棒-第2軸の折れ線」▶「OK」
▶ データを編集（「系列3」を%表示に変更）

％表示に変更

■ グラフ機能からグラフを作成（パレート図）

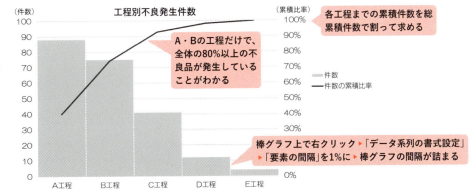

「挿入」▶「グラフ」▶「組み合わせ」▶「集合縦棒-第2軸の折れ線」▶「OK」
▶ データの編集（件数が多い順に並べ替え）

各工程までの累積件数を総累積件数で割って求める

A・Bの工程だけで、全体の80％以上の不良品が発生していることがわかる

棒グラフ上で右クリック▶「データ系列の書式設定」▶「要素の間隔」を1％に▶棒グラフの間隔が詰まる

第4章 数字は物語る、「グラフ」を使って資料に説得力を持たせる

企画／技術

39

人口と比率の推移は「積み上げ面グラフ」を使って表す

POINT

・積み上げ面グラフは、折れ線で変化、面積で量、積み上げで比率を表現できる
・ピークを縦棒で示し、上昇・下降を表す矢印を添えるとメッセージ性が強調される
・伝えたいことから逆算し、グラフの種類を変えたり系列の順番を入れ替えてもよい

　日本の社会問題の一つである少子高齢化をグラフ表現する場合に、若年人口・生産年齢人口・老年人口を3つの折れ線グラフで表そうとすると、それぞれの関係性がわかりづらく、いまいちメッセージのインパクトに欠けてしまいます。

　そこでおすすめしたいのが、「積み上げ面グラフ」です。積み上げ面グラフは、折れ線グラフが変化だけを表すのに対し、折れ線で変化を、面積で量を、そして積み上げることでそれぞれの比率と、一度に３つを表現することができるグラフです。

　右ページの図では、老年人口の上に生産年齢人口と

若年人口を重ねることで、高齢人口の増加にもかかわらず生産年齢人口と若年人口の減少幅が大きく、結果として総人口が減少に転じるという深刻さが視覚的に伝わってくるはずです。

　さらに、人口ピークの2008年を縦棒で示し、そこから人口の上昇・下降傾向を傾きで表した矢印を挿入することで、さらにメッセージ性を強調することができます。

　読み手に伝えたいことから逆算して、グラフの種類を変えたり、系列の順番を入れ替えるなどの工夫を凝らすことで、より効果的な表現方法を身に付けていきましょう。

■ グラフ機能からグラフを作成

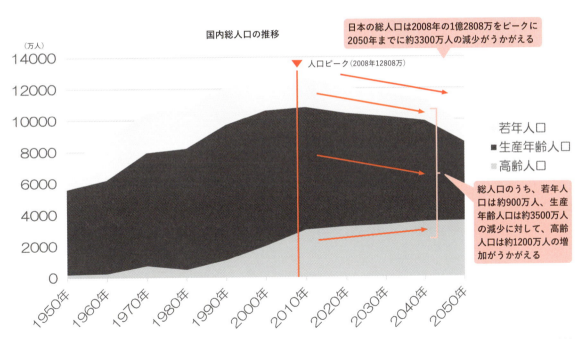

営業／
企画／技術

40

円グラフを避けて
「積み上げ棒グラフ」を用いる

POINT
・円グラフはカットした面積や角度の数値を把握しにくく、系列間の比較に不向き
・積み上げ棒グラフは系列間でデータの並び順が同じで、棒の長さで比較しやすい
・5段階評価した社員数の拠点別の割合比較は、100％積み上げ棒グラフで表す

　円グラフはメジャーなグラフですが、一部のコンサルティング会社やリサーチ会社では使用が禁止されているなど、使用にあたっては少々注意が必要になります。理由としては、**円をカットした面積や角度では正確な数値を把握しにくい**といった点が挙げられます。したがって、少ない比較項目で大きな割合を示すのにはいいのですが、項目が多い場合には誤認が生じやすくなります。
　アンケートの集計結果の表現などに円グラフが使われがちですが、系列間の比較が必要な場合などは安易に利用するのは避けたいところです。

　比較に適したグラフとしておすすめしたいのは「積み上げ棒グラフ」です。積み上げ棒グラフは**基本的にデータの並び順は変わらず、棒の長さという視覚的にも正確に伝わりやすい表現ができます**。

　例えば、**5段階評価における社員数の割合を拠点別で表す場合は、系列・カテゴリと2軸の比較が必要になってきます。**
　そんなときは「100％積み上げ棒グラフ」を使います。この場合、人事の5段階評価のため、並び順に意味があります。100％積み上げ棒グラフにすることで、例えば、「2：6：2」の法則（高貢献者2割、中貢献者6割、低貢献者2割）と照らし合わせることで、施策との関連が示しやすくなったりもします。

■ グラフ機能からグラフを作成

「挿入」▶「グラフ」▶「縦棒」▶「100%積み上げ縦棒」▶「OK」▶ データの編集（拠点別評価のデータを入力）

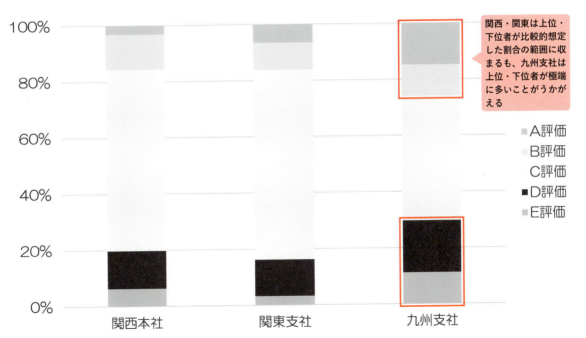

5段階評価における拠点別社員数の割合

関西・関東は上位・下位者が比較的想定した割合の範囲に収まるも、九州支社は上位・下位者が極端に多いことがうかがえる

営業／企画

41 「横棒グラフ」で順位やランキングを示す

POINT
・横棒グラフはランキングを示す場合に多く用いられ、項目の並びは降順になる
・昇順・降順に並び替えてみると、見えなかったメッセージ浮かび上がってくる
・メッセージを読み取らせた上で、何をすべきか示唆・提言につなげられるのが理想

先述の縦棒グラフは量を比較する場合に用いられることが多く、項目の並び順は時系列や所定の項目順になります。

一方で**「横棒グラフ」はランキングを示す場合に用いられることが多く、その場合の項目の並びは降順になる場合が多い**でしょう。

例えば、各営業支店の売り上げを示すとき、縦棒グラフならば支店名や地域順で並べ、横棒グラフであれば売上の多い順で並べるといった感じです。

右ページの図では、ある会社の20・30代の若手社員に「働き続けたくなる職場の条件は？」といった内容でアンケートをとった結果で、そこから示唆を得るために、回答割合が多い順に並べ替えられています。

これはデータを読み取る角度を変えてみるという一つの分析テクニックです。**もともとの項目順だと見えなかったメッセージが、昇順・降順に並び替えてみることで、浮かび上がってくる**のです。

図では、若手社員は意外と長期勤務の条件として非金銭的報酬を重視するという傾向を示しており、金銭的報酬や昇進など制度面に主眼を置きがちな企業側に警笛を鳴らすのに役立つグラフとなっています。

このように**横棒グラフを使ってランキングを出す場合、読み手に上位・下位の傾向から何らかメッセージを読み取らせる**よう意識しましょう。**その上で何をすべきか示唆・提言にまでつなげられればベスト**です。

■ グラフ機能からグラフを作成

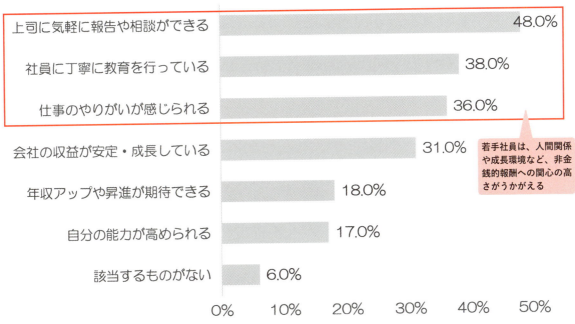

企画／技術

42

「散布図」を用いて 縦軸と横軸の相関を調べる

POINT

・データの分布や相関を示すグラフとして有名なのが、散布図
・分布を見るためなら、縦軸・横軸でどちらが何を表すかを意識する必要はない
・相関を見るためなら、横軸の数値で縦軸の数値が変わることを意識する必要がある

データの分布や相関を示すグラフとして有名なのが**散布図**です。**散布図では横軸と縦軸にそれぞれ別の量をとり、データが当てはまるところに点を打つ（プロットする）ことでデータの位置付けを示します。**

散布図の作成にあたってはその目的を明らかにすることが大切です。例えば、分布を見るためであれば縦軸・横軸でどちらが何を表すかをあまり意識する必要はありませんが、相関を見るためであれば縦軸・横軸のどちらが何を表すかを意識しなければ意味のある示唆が得られません。

ビジネスシーンでは相関を見るために使われる場合が多いでしょう。そもそも相関を示す状態とは「AによってBが変化する」、もしくは「Aが異なるとBも異なる」ということを意味します。通常、**グラフの横軸には変化する数値をとりますが、散布図の場合は先に変化する数値であるAを横軸にとり、Aの変化によって生じるBを縦軸にとります。**

右ページの図では、「店舗数」が変わると「月売上」がどう変化するかの相関を示すグラフなので、横軸には変化する数値である「店舗数」をとります。その他にも「平均気温と販売数量」「広告費と売上」といった相関を見るのに散布図はよく使われます。

繰り返しますが、散布図を使ってデータ間の相関を見たい場合は、**「AによってBが変わる」場合はAを横軸にする**、ということを覚えておきましょう。

■ **グラフ機能からグラフを作成**

「挿入」▶「グラフ」▶「散布図」▶「散布図」▶「OK」▶ データの編集（月売上のデータを入力）

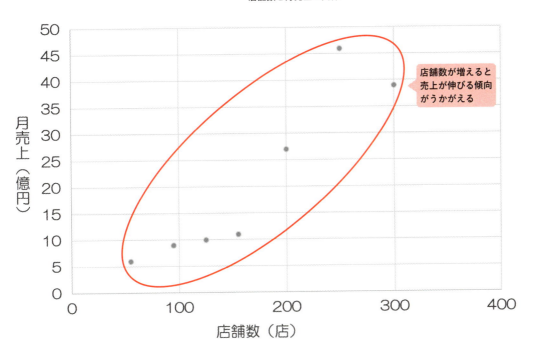

営業／
企画／技術

43

「レーダーチャート」で
平均や理想とのギャップを伝える

POINT

・並列に並んだ棒グラフでは、比較項目が多いと全体的な特徴が読み取り難くなる
・レーダーチャートは複数項目の性能比較に向いており、強み弱みを把握しやすい
・レーダーチャートに凹みがあることで、人間心理が働き、能力改善の意識を促す

　仮に被評価者の14個の能力項目について業界平均値と比較したい場合に、並列に並べられた棒グラフだと個々の能力項目が平均値と比べて高いか低いかの判断はできますが、全体として被評価者にどのような能力傾向があるのかがなかなか伝わってきません。比較項目が少なければ、並列に並んだ棒グラフでも読み取れるかもしれませんが、項目が多いと特徴を読み取るのは難しくなります。そこで役立つのが**レーダーチャート**というグラフです。

　レーダーチャートは、グラフの中心を始点、外側の輪を終点として各項目の値をプロットすることでグラフ作成されます。**レーダーチャートは複数項目をひと**目で比較できるため性能比較等に向いており、強み弱みを把握しやすいグラフとも言えます。

　また、能力や評価を表す円形に凹みがあることで、欠落を埋めたいという人間心理が働き、**自ら凹みの能力項目を改善しようと意識を促すことができます。**

　右ページの図は最もオーソドックスな対象者と業界平均との能力比較ですが、その他の活用例には、自社製品と競合製品の性能比較といったものもあります。ちなみに私が人事コンサルティング会社のマーサージャパンに勤務していた頃には、クライアント幹部社員のアセスメント結果をレーダーチャート化したレポート資料をよく作っていました。

■ グラフ機能からグラフを作成

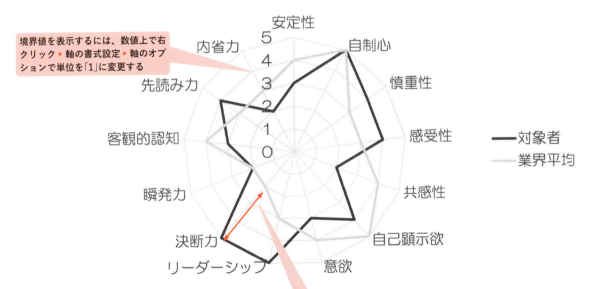

第 5 章

百聞は一見にしかず、「画像」を使って読み手の想像力をかき立てる

タイトルページでインパクトを出したい場合には、全画面サイズの画像を使うことをおすすめします。全画面サイズの画像を使う場合には、余白を取らずページ全体に拡大するよう調整します。

ちなみにタイトルページは資料全体を印象付ける大切なスライドです。印象によって高額の契約が成立するか否かにも関わるため、特に外資系コンサルティング業界などでは重要視されています。そして多くの場合は、グローバル主導でデザイン統一されたフォーマットを使うことになります。タイトルページの画像を選ぶ際の3つの注意点をご紹介します。

❶画像の色調を選ぶ

画像を全画面利用にしてタイトルを白抜き文字にしてインパクトを出したい場合には、画像の色味はグレーやブルーなど寒色系にしたり、明るさ調

整で暗めにするといった工夫が必要です。
また画像をトリミングして利用する場合には、タイトル文字を入力するエリアと画像を貼り付けるエリアを分ける必要があり、文字エリアは背景を無地にするのが原則になります。

❷解像度に注意する

利用する画像サイズがもともと小さい場合は、拡大したときに解像度の粗さが目立ってしまうため、あらかじ紙印刷の出力用紙サイズやプロジェクターでの投影サイズを確認しておきましょう。

❸サイズが合わない場合は　縦・横どちらかをページ幅に合わせる

スライドサイズと画像サイズが合わない場合には、縦か横どちらかに合わせてから、画像の拡大・縮小やトリミングで調整するようにします。

■ 全画面サイズの画像を使ってインパクトを出す

・全画面利用時は、背景画像の明るさを「-20%」にしてタイトル白文字を目立たせる
・トリミング利用時は、縦・横の幅に合わせてそれぞれ画像のトリミングを実施

全画面利用時

画像を選択 ▶ 右クリック ▶ 図形の書式設定 ▶ 図 ▶ 図の修正 ▶「明るさ/コントラスト」で明るさを「-20%」に

トリミング利用時

画像を選択 ▶ 右クリック ▶ トリミング ▶ 縦・横の幅に合わせてトリミングを実施

営業／
企画／技術

44 記事のキャプチャー画像で強力に訴求する

POINT
・資料に新聞・雑誌のキャプチャー記事を貼り付けることで、訴求力が高まる
・注目箇所を枠線で囲んで拡大画像を添えると、読み手の視線を強く誘導できる
・権威ある雑誌や書籍に掲載された場合は、その表紙をキャプチャーするとよい

　資料上に新聞・雑誌などの記事をメディア掲載実績として引用する際に、単に文章だけ掲載するのではなく、**記事のキャプチャー画像を貼り付けることで、訴求力を高める**ことができます。

　記事は**注目してほしい箇所を枠線で囲み、拡大した画像を近くに添えることで、読み手の視線を強く誘導**することができます。その際の**記事はできるだけ大きく掲載されているもの**を使いましょう。

　特に新聞記事の大きさは世の中の注目度や信頼性を表しているため、それだけ資料の説得力も高まります。

　権威ある雑誌や書籍に掲載された場合には、その表紙をキャプチャーするとよいでしょう。

　WEBメディアは、紙スキャンが不要なため、新聞・雑誌よりも作業上は取り扱いやすいのですが、画面全体をキャプチャーするか一部をキャプチャーするかで、その実現方法は変わってきます。

　その他、記事ではないのですが、**アプリケーションやクラウドサービスの内容を紹介するときなども画面キャプチャーを使うと相手に伝わりやすくなります。**文章の羅列で機能を事細かに伝えるよりも、どんな画面なのか、機能や画面遷移、活用シーンなどがわかった方が読み手にリアリティを感じさせられます。その際、できるだけ代表的な画面を少数選んで見づらくならないよう気を付けましょう。

■ 元画像のタイプや利用目的によって、キャプチャー方法を使い分ける

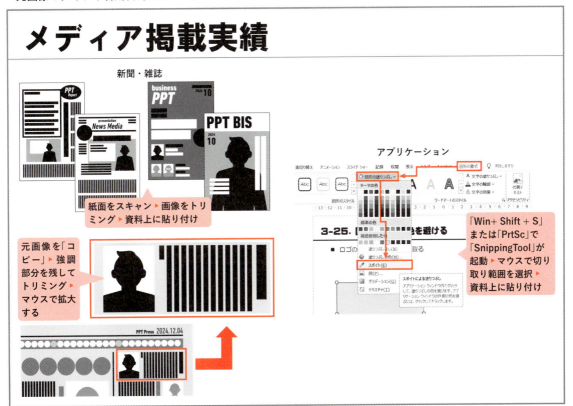

百聞は一見にしかず、「画像」を使って読み手の想像力をかき立てる

営業／企画

45

「背景透過」と「帯透過」を使って文字を見やすくする

POINT

・メッセージにインパクトを与えたい場合は、写真の背景透過と帯透過が効果的
・背景透過は、透明度調整した写真の上にテキストを置いてメッセージを引き立てる
・背景画像のリアリティは残して文字を見やすくするには、写真の帯透過を使う

　資料作成で、よりメッセージにインパクトを与えたい場合には、写真の「背景透過」と「帯透過」が効果的です。

「背景透過」は透明度を調整した写真の上にテキストを置くことで、キーメッセージをハッキリと見せることができます。その際、背景に使う写真はキーメッセージの内容を抽象的に連想させるようなものを選びましょう。写真の透明度を高くすると白っぽくなるため、その分黒文字が引き立ちやすくなります。背景透過を実施するには、右ページの図で示すように、背景画像を挿入してから透明度を調整する方法が一般的ですが、それ以外にもスライドサイズに合わせて広げた写真画像の上に透明度を調整した長方形オブジェクトを重ね

る方法もあります。

　また、**スライドの抽象度を抑えて人物や景色などのリアリティを感じさせたい場合には、写真の「帯透過」を使う**方法もあります。具体的には、写真はオリジナルのものを使用して、その上にキーメッセージの部分を強調すべく透明度を調整した帯状のオブジェクトを重ねます。ちなみに写真の明るさは暗めにしておくと、帯上のメッセージが引き立ちます。

　伝えたいメッセージ内容や与えたいインパクトの大きさによって、「背景透過」と「帯透過」をうまく使い分けてください。

■ メッセージのインパクトを出したいスライドに「背景透過」と「帯透過」は効果的

背景透過

「デザイン」▶「背景書式設定」▶
「塗りつぶし(図またはテクスチャ)」▶「挿入する」▶
「ファイル」から背景に設定したい画像を選択▶
「背景書式設定」の「透明度」のスライダーまたは
「％」の数値を変更▶テキストを挿入

帯透過

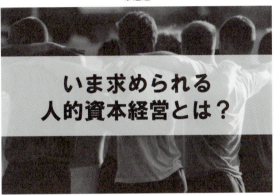

(背景画像がある状態で)中央に長方形の
オブジェクトを挿入▶左右端に長さを合わせる▶
図形を選択▶右クリック▶図形の書式設定▶
塗りつぶし(単色)▶「透明度」のスライダーまたは
「％」の数値を変更▶テキストを入力

営業／
企画／技術

46 トリミングで画像サイズを調整する

POINT
・全画面利用時は、スライドサイズを上回るまで拡大し、不要部分をトリミング
・部分利用時は、スライドのどちらかの端に合わせて不要な部分をトリミング
・拡大利用時は、元画像をコピーして強調したい特定箇所を除きトリミング

画像を元データのまま貼り付けると、スライドのサイズと合わず、チグハグな印象を与えてしまうことがあります。そんなときはトリミング機能を使って、画像の不要な部分を取り除くことをおすすめします。

▶ **全画面利用時**

タイトルスライドやキースライドで、インパクトを与えるために画像を全画面サイズに広げて利用する場合があります。そんなときは、画像をスライドサイズをやや上回るよう拡大してから不要部分をトリミングすると、スライドサイズに画像をバランス良く合わせられるようになります。作業としては、画像上で右クリックして「トリミング」を選び、画像の縦横の端を

マウスでドラッグすることでサイズを調整します。

▶ **部分利用時**

タイトルスライドなどでイメージ訴求のために画像を部分利用する際にもトリミングが有効です。画像をスライドの縦横どちらかの端に合わせて不要な部分をトリミングで取り除きます。

▶ **拡大利用時**

画像の中で特定箇所を強調したい場合などもトリミングが有効です。作業としては、元画像をコピーして、強調箇所以外をトリミングで取り除いて拡大してから、元画像の近くに掲載するようにします。

■ 利用シーンに応じて画像のトリミング方法を使い分ける

全画面利用時　　　　　　　部分利用時　　　　　　　拡大利用時

スライドサイズに合わせて縦端・横端をトリミング

部分利用したい場合はスライドの縦・横の幅に合わせてトリミング

元画像の一部を拡大利用したい場合はコピーして縦・横をトリミング

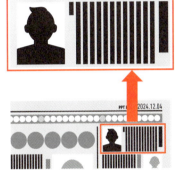

営業／
企画／技術

47

写真の背景をカットして
使いやすくする

POINT
・「背景の削除」機能は写真背景を自動認識し、現物だけを抜き出す
・背景をなくすと対象物を大きく表示でき、画像がスライドに馴染みやすくなる
・自動認識される削除箇所が正しくない場合は、再調整よりも画像の再選択を

　パワーポイントで画像を使用する際に、背景に不要なものが映り込んでいる場合や、特定のモノ・人物のみを際立たせたい場合があると思います。

　そんなときに便利なのが「**背景の削除**」機能です。**この機能は写真の背景を自動的に認識し、現物だけを簡単に抜き出してくれます。背景がカットされることで対象物をより大きく表示することができ、また画像がスライドの内容に馴染みやすくなることで資料全体に統一感を持たせられるようになります。**

　なお、自動的に認識される削除箇所が正しくない場合は、「設定し直す」欄の「保持する領域としてマーク」、または「削除する領域としてマーク」を使って

再調整する方法もあります。ただ、個人的にはマウスを使った調整はやや難易度が高いと感じるので、ここでは簡易な機能と理解しておくほうがよさそうです。

　むしろ、初めから「背景の削除」がうまく機能しやすい画像を選んで使った方がいいでしょう。というのも、図版のように背景と対象物がシンプルな関係性のものは上手くいきやすいのですが、対象物が複雑な形をしていたり色数が多いと、背景と対象物との判別が困難になり、後から設定し直す必要が多分に生じてきてしまうからです。

　もし正確に背景の削除を行いたい場合には、スタイラスペンや専用の画像加工アプリケーションを使って行うことをおすすめします。

■ **画像を選択→「図の形式」→「背景の削除」**

背景がないことで、画像として使いやすくなる

余分な余白はトリミングで削除する

第5章 百聞は一見にしかず、「画像」を使って読み手の想像力をかき立てる

営業／企画

48

写真の背景をぼかして
溶け込ませる（縁全体）

POINT
・写真背景をぼかすと、スライド内の他のオブジェクトと調和しやすくする
・写真をイメージ画像として使いたい場合は、写真画像の縁全体をぼかす
・写真をタイトルスライドや中扉で使いたい場合は、写真画像の縁の一部をぼかす

写真をイメージ訴求の目的で使う場合に、その写真の背景の主張が強いとスライド上で不自然に浮いてしまう場合があります。そんなときは写真に少しぼかしをかけることで、スライド内で他のオブジェクトと調和しやすくなり、より自然と溶け込ませることができます。

パワーポイントで写真の縁をぼかすには、標準機能「図の効果」を使います。具体的には、写真の縁全体をぼかす場合と、縁の一部をぼかす場合とがあります。

▶ **写真画像の縁全体をぼかす場合**

写真画像の縁全体をぼかすには、画像を選択し、「図の形式」→「図の効果」→「ぼかし」でイメージに近いぼかしを選択します。もし詳細にぼかし具合を設定したい場合には、「ぼかしのオプション」を選び、サイズ欄で数値指定をして選択することも可能です（図版はぼかしサイズ50を選択）。

このぼかし画像は主にイメージ画像として使われる場合が多いでしょう。

▶ **写真画像の縁の一部をぼかす場合**

写真画像の縁の一部をぼかすには、上述の方法で縁全体にぼかしをかけてから「トリミング」機能でぼかしの位置を調整します。

このぼかし画像は、タイトルスライドや資料の中扉で使われる場合が多いでしょう。

■写真画像の縁全体をぼかす場合

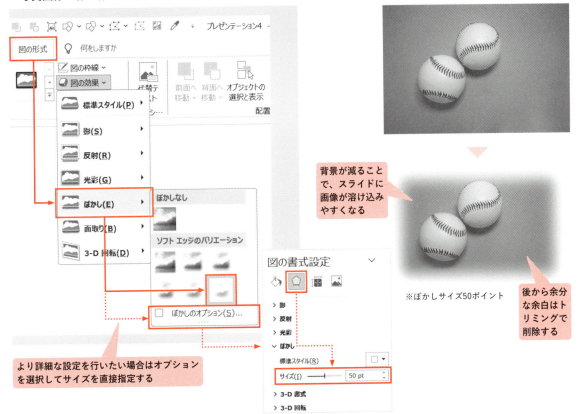

※ぼかしサイズ50ポイント

■ 写真画像の縁の一部をぼかす場合

❶ ぼかし画像（縁全体）を選択 ▶ 右クリック ▶ 図の書式設定

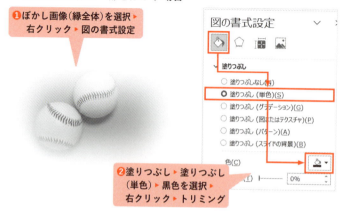

❷ 塗りつぶし ▶ 塗りつぶし（単色）▶ 黒色を選択 ▶ 右クリック ▶ トリミング

❸ トリミング枠を広げて、図形のぼかしたい箇所を黒色のぼかしに重なるように移動

❹「ESC」でトリミングを解除

❺「塗りつぶしと線」「塗りつぶし（単色）」▶「色：白」「透明度：99%」

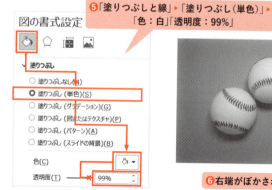

❻ 右端がぼかされている（上下左端も同様）

第 6 章

一流の仕事家は「資料の配布」の仕方まで気をつかう

これまで世に出てきた多くの資料作成本は、とにかく美しい資料を作る、相手にインパクトを与える資料を作る、論理的で説得力がある資料を作成する、といった内容が重視されてきたように思います。これは確かに正しいことです。

ただ、現実の仕事のシーンでは、資料が完成したらそれで終わりではありません。資料は人の手に渡って、あるいは人の目に触れて初めて価値が生まれるものです。

実際に、一流の仕事家は人への資料の配布方法に

も気を配ります。具体的にどういったところに気を配るかというと、とにかく資料を受け取った人が扱いやすいかということを最優先で考えるのです。

例えば、印刷の仕方やファイルの表示形式、ファイルの容量、パスワードの有無、といったところにまで配慮が行き届いているのとそうでないのとでは、相手に与える印象はずいぶんと変わってきます。
そこで本章では、紙やデータによる資料の受け渡しを想定した、以下のような実践技をご紹介して

いければと思います。

・ページ数の多い配布資料は1ページ2スライドで印刷する
・ファイルを開かずサムネイルで中身を確認できるようにする
・相手に配慮して資料内の画像を圧縮しておく
・重要な資料はパスワードをかけて共有・送信する

営業／
企画／技術

49

ページ数の多い配布資料は
1ページ2スライドで印刷する

POINT
・配布資料は複数スライドを1ページにまとめて印刷することをおすすめ
・まとめ印刷に、配布資料は余白が大きく取られるので使わない
・まとめ印刷には、自動調整で余白が少ない割付印刷がおすすめ

最近ではデジタルファイルのまま受け渡しする機会が増えていますが、それでも一定割合で紙出力してから配布する機会は残っているようです。

ただ提案資料や打ち合わせ資料はスライド枚数が多くなる傾向にあるため、配布をする場合にはできるだけ複数スライドを1ページにまとめて印刷することをおすすめしています。

▶「配布資料印刷」機能は使わない

まとめ印刷では、パワーポイントの印刷画面で選べる「配布資料」を使った印刷はやめましょう。仕様上、余白が大きく取られ、スライドの文字や内容が読みにくくなるからです。

▶ フルサイズ印刷できる「割付印刷」

複数スライドを1ページにまとめて印刷したい場合には、**割付印刷**をおすすめします。

割付印刷とは配置する大きさに合わせて文字や図、写真などが自動的に縮小される印刷方法です。ただこの印刷方法はパワーポイントの標準機能ではないため、ひとまずPDF形式で出力してから、印刷画面で割付印刷の設定を行う必要があります。

ちなみに私は、PDF形式で配布する場合も、割付印刷でページ数を減らす機会が多いです。その方がファイルの容量も軽くなり、メール添付時など受け取る側にとっても親切な場合があるからです。

■ 割付印刷は、一度PDF化してから各種設定を行って印刷する

「割付印刷1×2」で印刷

「割付印刷1×2」の設定

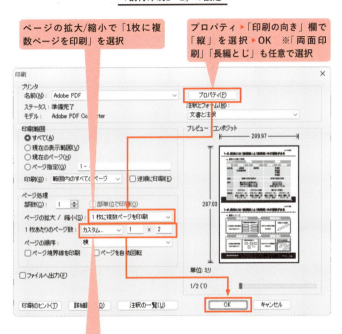

ページの拡大/縮小で「1枚に複数ページを印刷」を選択

プロパティ▶「印刷の向き」欄で「縦」を選択▶OK ※「両面印刷」「長編とじ」も任意で選択

余白が少なく、ページいっぱいにスライドを広げられる

1枚あたりのページ数で「カスタム」「1」「2」を選択

第6章 一流の仕事家は「資料の配布」の仕方まで気をつかう

145

営業／
企画／技術

50 ファイルを開かずサムネイルで
中身を確認できるようにする

POINT
・サムネイル機能を使うと複数のファイルの中身がサムネイル表示される
・ファイルがサムネイル表示されると、該当のファイルを素早く見つけられる
・ファイルがサムネイル表示されると、ファイルの開き間違いを防ぐことにも

　人に配布するためにパワーポイントの資料を急ぎで探そうとするも、ファイル名を見ただけでは内容が思い出せず、結局そのフォルダにある全てのファイルを開いて確認するはめになったといった経験はありませんか？　もちろん私もあります。ファイルの中身を確認しようとその都度ファイルを開いて確かめるのは時間もかかりますし面倒ですよね。

　そんなときに役立つのが**サムネイル機能**です。ちなみに**サムネイルとは画像や文書のファイルを縮小表示したもので、多数のファイルを一覧表示する際に使われるものです**。この機能はパワーポイントだけでなく、エクセルやワードなどにも備わっています。

　エクスプローラー上でパワーポイントファイルをサムネイル表示させるには、ファイルを開いた状態で、「ファイル」→タブ→、「情報」→「プロパティ」→「詳細プロパティ」の順にクリックし、「ファイルの概要」タブの「プレビューの図を保存する」にチェックを入れてOKを押し、その後ファイルを保存し直します。するとエクスプローラーでサムネイルが表示されます。ファイル保存時は忘れずチェックを入れるようにしましょう。

　ファイルのアイコンがサムネイルになると、**該当のファイルを素早く見つけられるだけでなく、ファイルの開き間違いを防ぐのにもつながります**。

■ファイルの一覧表示ができるサムネイル機能

サムネイル表示　　エクスプローラー上で「中アイコン」以上で表示

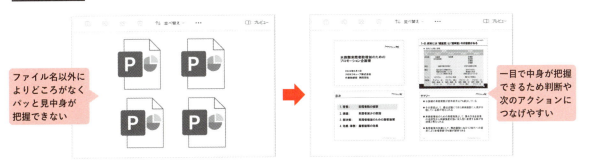

ファイル名以外によりどころがなくパッと見中身が把握できない

一目で中身が把握できるため判断や次のアクションにつなげやすい

サムネイル設定手順　　ファイル→情報→（以下手順を実施）

147

営業／
企画／技術

51 相手に配慮して資料内の画像を圧縮しておく

POINT
・トリミングの不要部分の削除や画像の解像度減少で、大幅な容量削減が可能に
・「形式を選択して貼り付け」で画像をJPEGに変換すると大幅な圧縮が可能に
・図の圧縮でスライド内の全ての画像が圧縮され、ファイル容量が一気に下がる

ファイル容量が大きいと起動や作業に時間がかかるだけでなく、相手先の環境によってはメールの容量制限が設けられていて、最悪の場合メールが届かないといったトラブルにつながりかねません。

そこで、誰かに資料を配布・送信する場合は、事前に資料内の画像を圧縮しておきましょう。

画像の圧縮は、以下2つの方法がおすすめです。

❶形式選択で貼り付け（画像単位）

スライドの作成途中で**都度画像を選択して圧縮率の高いJPEG形式のファイルに差し替える方法**です。圧縮したい画像をコピーして、「形式を選択して貼り付け」でJPEG形式を選んでスライド上に貼り付け、元

の画像と差し替えて使います。

❷図の圧縮（ファイル単位）

パワーポイントの「図の圧縮」機能を使って画像単位ではなく、スライド内の全ての画像の圧縮を施すことで、ファイル容量を一気に下げる方法です。画像ごとに圧縮するのが面倒な人は、この方法で資料を誰かに配布・送信する前に実施しておくといいでしょう。

上記いずれの方法も、一度圧縮してしまうと画像の解像度を元に戻すことはできませんので、資料作成の目的をよく理解した上で画像圧縮を実施するようにしましょう。

■ 状況に応じて、2つの画像圧縮方法を使い分ける

形式選択で貼り付け（画像単位）

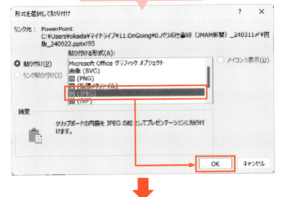

サイズ変化例（画像）：99.7KB（PNG）→15.8KB（JPEG）

スライド上の画像を個別に圧縮したい場合、手軽で圧縮率が高いのでおすすめ

図の圧縮（ファイル単位）

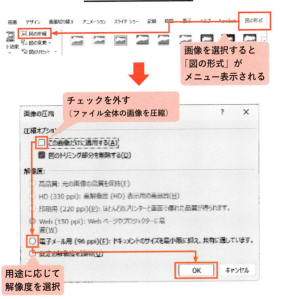

容量変化例（ファイル）：12.1MB→5.05MB
（同画像は99.7KB（PNG）→66.2KB（PNG））

画像個別ではなく、ファイル容量を一気に下げたい場合におすすめ

営業／
企画／技術

52

POINT

重要な資料は
パスワードをかけて共有・送信する

・機密データを送ったり重要書類を共有する場合は、パスワード設定がおすすめ
・「全般オプション」を使うと、読み取りと書き込みのパスワードを設定できる
・「パスワードを使用して暗号化」を使うと、読み書き共通のパスワード設定になる

本項では、個人がすぐ使えるパワーポイントファイルのパスワード設定の方法について取り上げます。

パスワード設定には複数の方法があり、ファイルを開く際にパスワードは求められず編集時のみパスワードを求められることもできれば、パスワードを知らないとファイルを開けないようにすることもできます。

前者は「名前を付けて保存時にパスワードをかける（読み取り/書き込み）」、後者は「プレゼンテーションの保護からパスワードをかける（読み書き共通）」として、以下にご紹介したいと思います。

▶ 名前を付けて保存時にパスワードをかける

ファイルの起動にかけるだけでなく、それとは別にファイルの更新にパスワードをかけることもできます。書き込みだけにパスワードを設定した場合は、読み取り専用で開くこともできます。具体的な設定方法は右ページの図の通りですが、資料作成してから名前を付けて保存する前に行われるため慣れると忘れにくいパスワード設定の方法かもしれません。

▶ プレゼンテーションの保護からパスワードをかける

パワーポイントのファイルに読み書き共通のパスワードをかける方法です。単純にパスワードをかけたい場合はこちらの方法を使いましょう。

■ 状況に応じて、2つのパスワード設定方法を使い分ける

名前を付けて保存時にパスワードをかける（読み取り/書き込み）

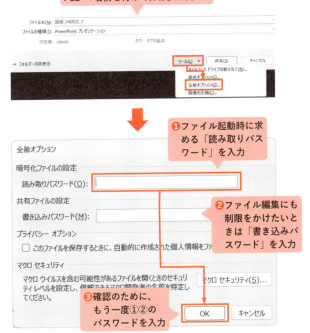

プレゼンテーションの保護からパスワードをかける（読み書き共通）

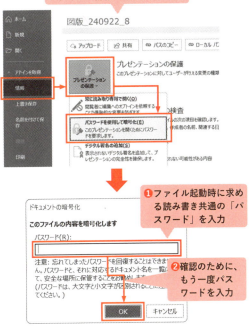

第 7 章

プレゼンテーションの現場で余裕を生む「スライドショー機能」

良い資料を作った、良い配布の仕方を学んだ後は、いよいよプレゼンテーションの話です。プレゼンテーションこそが、資料の最終価値を決めるといっても過言ではないでしょう。

ちなみにプレゼンテーションの良し悪しは、プレゼンター自身の魅力や力量によるところもありますが、それとは別に、プレゼンテーションツールをいかに使いこなせるかといったところの影響も決して少なくありません。

そこで本書では、後者のプレゼンテーショの現場

で余裕を生み出すパワーポイントのスマートテクニックについて紹介していきたいと思います。

具体的に、パワーポイントを使ってプレゼンテーションを行う際は「スライドショー」機能を実行することになります。そこから画面上で施す様々な効果によって、プレゼンテーションの表現がより豊かになるのです。

本章では、以下のようにスライドショーの始め方や、プレゼンテーションをより臨場感溢れるものにするための実践技について、紹介していければ

と思います。

- **いま開いているスライドからスライドショーを始める**
- **ブラック&ホワイトアウトで聴衆の注目を集める**
- **目的のスライドまで最短で到達する**
- **ポインターオプションを使って強調する**（＋ヘルプ表示）
- **スライドショーで発表者ツールを使う**

営業／
企画／技術

53 いま開いているスライドから
スライドショーを始める

POINT
- スライドショーの開始のショートカットキーでプレゼンをスマートに始める
- 最初のスライドに戻ってスライドショーを始めたい人は「F5」を押す
- 現在のスライドからスライドショーを始めるには「Shift ＋ F5」を押す

　これまでは資料作成の技術を中心に説明してきましたが、本章ではいよいよプレゼンテーションのシーンで役立つ技について紹介していきたいと思います。

　ビジネスにおいてプレゼンテーションはとても重要です。私が勤務していた外資系コンサルティング会社では、その良し悪しによって何億もの案件が動くため、プレゼンテーション専門の研修プログラムが大変充実していました。

　ここではプレゼンテーションそのものではなく、プレゼンテーションをスマートに行うために役に立つパワーポイント機能の代表的なものを紹介していきます。

　まず基本的な機能として、編集モードからプレゼンテーションモードに切り替える「スライドショーの開始」があります。実際この機能を始めるために、パワーポイント画面の右下にある「スライドショー」コマンドをクリックして始める人は多いと思います。しかし、コマンドをマウスでクリックする代わりにショートカットキーを使うことで、よりスマートにプレゼンテーションを始めることができます。

▶ **最初のスライドで開始**（F5）

　スライドショー開始のショートカットキーは「F5」キーです。「F5」を押すと最初のスライドからスライドショーが始まります。途中スライドを編集していて最初のスライドに戻ってプレゼンしたい人にとっては

使える技ですが、あらかじめ開始したいスライドを開いていたのに、「F5」を押したがために最初のタイトルスライドに戻ってしまい、あたふたしている人を時折見かけます。

▶ **現在のスライドで開始**（Shift + F5）

　こういったことを防ぐには、**現在開いているスライドからスライドショーを始める「Shift」+「F5」でスライドショーを始める**クセをつけておくことをおすすめします。

■ スライドショーをショートカットキーで開始する

最初のスライドで開始（F5）

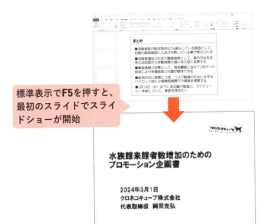

標準表示でF5を押すと、最初のスライドでスライドショーが開始

現在のスライドで開始（Shift + F5）

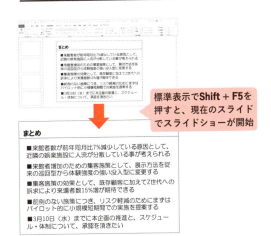

標準表示で**Shift + F5**を押すと、現在のスライドでスライドショーが開始

営業／企画

54 | ブラック&ホワイトアウトで 聴衆の注目を集める

POINT
・聴衆の関心を一時的に集めたいときは、画面をブラックアウト（Bキー）させる
・会場が暗い中、一時的に関心を集めたいときは、ホワイトアウト（Wキー）させる
・最初のスライドでネタバレやインパクト減を防ぐ、といった効果もあり

プレゼンテーション中に、実際の商品を見せる場合や、他の登壇者とのやり取りがある場合など、**聴衆の関心を一時的に集めたいとき**があると思います。

そんなときには**「B」キー**を押します。するとスライドの画面が消え、黒い画面に変わります（**ブラックアウト**）。これにより聴衆はスライド画面ではなく、プレゼンターに注目します。ちなみに再度Bを押すと、元の画面に戻ります。

ただ**会場が暗い場合**は、黒い画面に変えると会場全体が暗くなってしまいます。その場合は、**白い画面が表示される「W」キー**を押します（**ホワイトアウト**）。こちらも、戻すときには再度Wを押しましょう。

これらの機能は実用面での効果もさることながら、こうした技を知っていることで聴衆にプレゼンテーションに馴れている、いわゆる「デキる」イメージを与える効果があります。注目を集めたいシーンだけでなく、一区切り感を与えてから質疑応答に移りたい場合に使うのも有効です。また、**プレゼンテーションが始まる前にブラックアウトしておくことで、最初のスライドでネタバレやインパクト減を防ぐといった効果も**あります。

ちなみに私がプレゼンテーションをする際は、いきなり本題に入るのではなく、少し前説や余談を挟んでからプレゼン資料の内容に入っていくため、その間の区切りの意味でブラックアウトをよく使います

■会場環境に応じてブラックアウト・ホワイトアウトを使い分ける

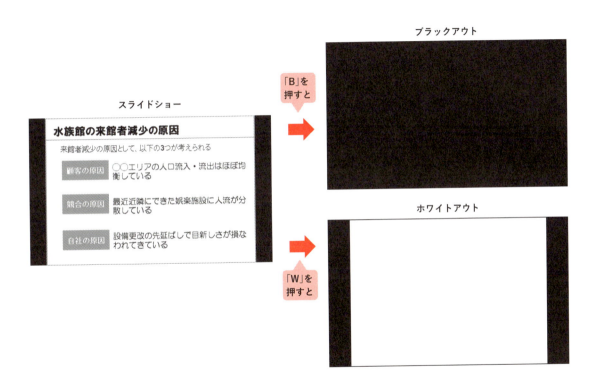

営業／
企画／技術

55 | 目的のスライドまで最短で到達する

POINT
・プレゼン途中に目的のスライドまで最短で到達すると、よりスマートに見える
・スライドショーで「ページ番号＋Enter」を押すと目的のページに一気に飛ぶ
・スライドショーで「G」を押すとページ一覧が表示され、目的のページを選択する

　プレゼンテーションの途中で、何ページか前のスライドに戻って見せたい場合があります。その際、ひとまず標準表示モードに戻ってからサムネイルを使ってスライドを見つけてまたスライドショーに戻る、といった操作を見かけることがありますが、あまりスマートな方法とは言えません。10枚程度のスライドであればまだしも、それが数十枚にも及ぶスライドの中から探す場合は、どうしてもモタモタした印象を与えてしまい、その間に聴衆をしらけさせてしまいます。

▶ **ページ番号＋Enterでジャンプする**

　このような場合は、スライドショーの状態で**「表示したいページ番号＋Enter」を押すと、目的のページ**まで**一気に飛ぶことができます**。ただし、目的のページ番号を覚えておくか、大体のページ番号までとりあえず飛んだ後に、上下左右キーでページの行きつ戻りつをするなど調整する必要があります。

▶ **Gを押してページ一覧から選択する**

　目的のページ番号を覚えておらず、全体の流れを俯瞰して選択したい場合には、パワーポイント2016以降から備わった、**スライドショーの状態で「G」を押してページ一覧を表示する**機能を利用してみてください。ページ一覧が表示されたら上下左右キーで目的のスライドを選択してEnterを押すことで目的のページでスライドショーを開くことができます。

■ ページ番号を覚えている場合は直接指定、覚えていない場合は一覧から選択する

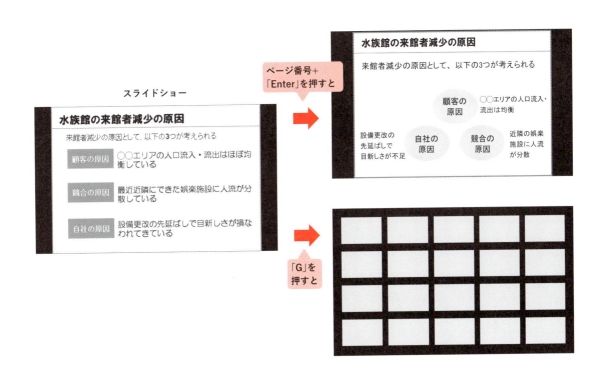

営業／
企画／技術

56

ポインターオプションを使って強調する
（+ヘルプ表示）

POINT
・プレゼンでは、パワーポイントのポインターオプションを使って臨場感を出す
・ショートカットキーを使い、ポインターやペン、蛍光ペン、消しゴムを表示させる
・ポインターのショートカットキーを忘れた場合は、ヘルプウィンドウを表示させる

プレゼンテーションの途中で、スライド上の強調したいポイントを指し示す手段として、レーザーポインターを使う人がいると思います。そんな中、スライドショーで使えるレーザーポインターがパワーポイントの標準機能として備わっていることを伝えると、驚かれる方が意外といたりします。

もちろんレーザーポインターは物理的なものではなくソフトではあるのですが、これが結構使えるのです。実際には**レーザーポインターだけでなく、ペンや蛍光ペン、消しゴムといった、プレゼンテーションで臨場感を出すのに役立ちそうな機能が備わっています。**

▶ **レーザーポインター**（Ctrl + L）
聴衆の視線を集めるのに使われる最もオーソドックスな機能です。スライドショーでショートカットキーを入力するとポインターが表示され、マウスで操作することができます。

▶ **ペン**（Ctrl + P）
レーザーポインターと同じくショートカットキーでペンが表示されます。マウス操作で強調箇所をマーキングすることができます。

▶ **蛍光ペン**（Ctrl + I）
テキスト箇所を強調するのに便利な機能です。色は

画面上で右クリック→「ポインターオプション」→「インクの色」で変えることもできます。

▶消しゴム（Ctrl +E またはE）

ショートカットキーを押すと消しゴムアイコンが出現するので、マウス操作でペンや蛍光ペンで書き込んだ対象に移動させて左クリックすると削除されます。

なお、スライド上の全ての書き込みを消す場合は「E」を押します。

▶ヘルプ（Shift + ?）

ポインターのショートカットキーを忘れた場合は、スライドショーの状態で「Shift + ?」を押すとヘルプウィンドウが開いて確認することができます。

■スライドショーの状態でポインターやペンを使うとプレゼンに臨場感が増す

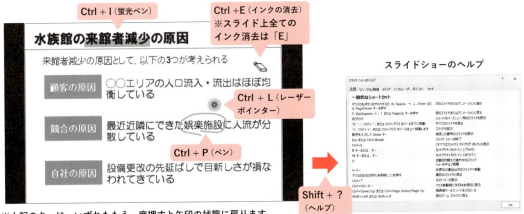

※上記のキーは、いずれももう一度押すと矢印の状態に戻ります。

営業／
企画／技術

57 | スライドショーで発表者ツールを使う

POINT
- ・発表者ツールを使えば、発表者用の画面でメモや次のスライドを確認できる
- ・「Alt + Shift + F5」「Alt + F5」で発表者ツールが開く
- ・発表者ツール上でもスライドショー上で有効なショートカットキーが使える

印刷した資料に書き込んだメモを見ながらプレゼンテーションをする、といった経験は誰しもあるのではないでしょうか。もしそれがパソコンの画面上でできたら便利ですよね。パワーポイントの**「発表者ツール」を使えば、発表者だけが見られる画面で、メモや次のスライドを確認することができます。**

発表者ツールを使うと、一つは投影用のモニターやプロジェクターにスライドショー画面を表示させ、もう一つは発表者用のパソコン画面で次のスライドやメモを記入したノートの確認が可能になります。

発表者ツールを開くショートカットーは以下の2つがあります。

- ・**「Alt+Shift+F5」→現在のスライドで「発表者ツール」が開く**
- ・**「Alt+F5」→最初のスライドで「発表者ツール」を開く**

発表者ツールが開くと、画面の左側にはプレゼンテーションの相手に見える現在のスライドが、右側には次のスライドと発表用のメモができるノートが表示されます。

なお、**現在のスライドでは、先述のスライドショー上で有効なショートカットキーがそのまま使える**のでかなり便利です。発表者ツールを終了するには**「Esc」**を押します。

■ 発表者ツールをプレゼンテーションで便利に活用する

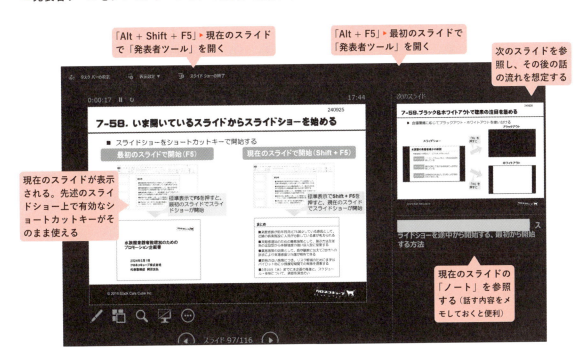

第 8 章

知らぬが大損!?「初期設定」でパワポを爆速化させる

一般的に、買ったばかりのパソコンは、セキュリティ設定や視覚効果のために、重くて遅い状態になっています。

会社支給のパソコンを使っている人の中にはこの事実を知らない人もいて、中には最新機種のパソコンであるのにも関わらず、その性能の恩恵を十分に受けていない人もいます。

会社としても、セキュリティ対策としてパソコンに監視ソフトを入れていることは認識しつつも、それとは別にパソコンの初期設定がマシン性能に大きな影響を与えていることは、あまり大きな問

題として捉えていないケースが多く見受けられます。

実際パソコンやアプリケーションの初期設定は、私の感覚で30%ほどの処理負担を与えているように感じています。逆に言うと、これらを改善すれば、コストをかけずに確実に処理効率を上げられるということです。

そこで本章では、パワーポイントを素早く立ち上げてサクサク動かせるように、特におすすめする以下の初期設定について紹介していきたいと思います。

・キーボードの反応速度を最速にする
・視覚効果をパフォーマンス優先の設定にする
・いざというときにパワポを一発起動させる方法
・パワポ起動時のスタート画面を省略する
・クイックアクセスツールバーで高速作業環境を
　実現する

営業／
企画／技術

58 キーボードの反応速度を最速にする

POINT
・Windowsのデフォルト設定では、キーボードの反応速度は最速になっていない
・最速にするには「キーボードのプロパティ」で「表示までの待ち時間」を最短に
・設定後は、テキストの編集や図形の移動などのキーボード操作全般が速くなる

パワーポイントを使った資料作成にキーボード操作が欠かせないのは言うまでもないでしょう。どうせ毎日使うキーボードであれば、できるだけ快適に使いたいものですよね。

そこでおすすめしたいのが**キーボードの最速設定**です。これはパワーポイントではなくWindowsの標準機能なのですが、デフォルトの設定では"最速"にはなっていないため、手動で設定します。

キーボードの最速設定は以下の通りです。

「スタート」→「キーボード」と入力→「キーボード」を選択→「キーボードのプロパティ」が開く→「速度」タブ→「表示までの待ち時間」のボリュームを「短く」の方向に最大限まで移動→OK

ちなみに「表示までの待ち時間」は、キーボードのキーを押しっぱなしにしたときに、最初の文字がすぐに入力されてから、次に連続入力が開始されるまでの時間のことです。

この設定を行うと、**待ち時間がなくなり、キーボードの反応速度が驚くほど速くなります**。具体的には、英数字キーだけでなく、Backspace キーや、方向キーのような連続で押したまま使うようなキー操作に影響を与えるので、**テキストの編集や図形の移動などで大変役に立ちます**。私がパソコンの動作が重いと嘆く人がいたらまずおすすめする技の一つです。

■待ち時間をなくすだけで、キーボード操作が劇的に快適になる

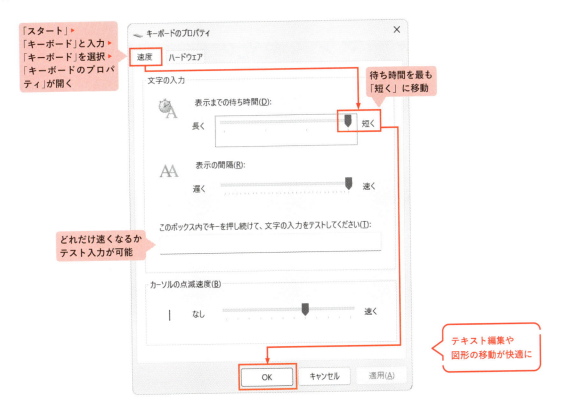

営業／
企画／技術

59

視覚効果を
パフォーマンス優先の設定にする

POINT
- Windowsの初期設定では、様々な視覚効果がマシン性能を圧迫している
- 不要な視覚効果をオフにすると、通常機能に影響を与えず性能を向上させられる
- 「パフォーマンスを優先する」を選択後、「カスタム」で最低限の項目だけ追加

Windowsパソコンを使っていて、OSの立ち上がりが遅い、文字入力やクリックの反応が遅いなどと感じたら、Windows の設定を疑ってみましょう。

そもそも**Windowsの初期設定は、アニメーションや陰影などさまざまな視覚効果がデフォルトで有効になっており、これらがCPUやメモリの性能を圧迫する原因となっています。**
視覚効果は基本的に見た目だけで機能には影響しないため、不要であればオフにすることで性能が向上できる可能性があります。

そこで今回ご紹介する方法は、お金をかけることな

くWindowsの簡単な設定変更で実現できる内容です。視覚効果をパフォーマンス優先の設定にする方法は以下の通りです。

「スタート」→「パフォーマンス」と入力→「Windowsのデザインとパフォーマンスの調整」を選択→「パフォーマンスオプション」が開く→視覚効果タブ→「パフォーマンスを優先する」にチェック→カスタムにチェック→（以下の項目だけチェック）

- **アイコンの代わりに縮小版を表示する**（フォルダ内でアプリを起動しないでも資料のサムネイルを表示してくれる）
- **スクリーンフォントの縁を滑らかにする→OK**

■ コスト0で、パソコン動作が驚くほどサクサク動くようになる

「スタート」▶「パフォーマンス」と入力▶「Windowsのデザインとパフォーマンスの調整」を選択▶「パフォーマンスオプション」が開く

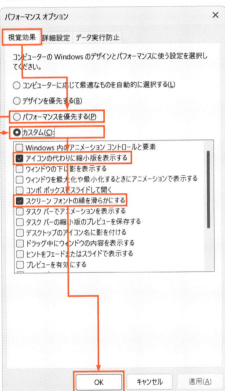

営業／
企画／技術

60

いざというときに
パワポを一発起動させる方法

POINT
・アイデアを思いついたとき、メモを取りたいときに、パワーポイントを一発起動
・パワーポイントをタスクバーに登録し、Winキーとの組み合わせで一発起動
・ショートカットキーをパワーポイントのプロパティに登録し、ランチャー起動

　本項では、パワーポイントを一発起動させる2つの方法についてご紹介します。

❶タスクバーから起動
【Win＋番号で選択・起動】

　利用頻度の高いアプリケーションのショートカットをタスクバーに登録しておくと、キー操作だけでアプリケーションを一発起動させられるようになります。登録はショートカットをドラッグアンドドロップで移動させるだけです。登録後は、Windowsキーと左から数えた1から10までの登録順の数字との組み合わせで一発起動させることができます。

【Win＋T→方向キーで選択・起動】

　Windowsキー＋Tを押して、方向キーでアプリケーションを選択して起動させることもできます。

❷プロパティ登録でランチャー起動

　タスクバーに登録しきれない場合などは、アプリケーションのプロパティで設定し、ランチャー起動させることもできます。

　パワーポイントで設定するには、「スタートメニュー」からパワーポイントを選んで右クリックを押し、「プロパティ」を開きます。その後「ショートカットキー」欄に任意の文字（ここではエクセルの「P」）を入力して「適用」または「OK」を押せば完了です。

■一発起動を知っていると、パワーポイントを使う心理的ハードルが一気に下がる

タスクバーから起動

プロパティ登録でランチャー起動

営業／
企画／技術

61

パワポ起動時の
スタート画面を省略する

POINT

・初期設定では、パワーポイントを開くと余計なスタート画面が表示されてしまう
・「オプション」からスタート画面表示のチェックを外すと表示されなくなる
・スタート画面を非表示にしておくと、速やかに資料作成に取りかかれるように

　急ぎで資料作成しようと思ってパワーポイントを開こうとすると、「おはようございます」から始まるスタート画面が表示されて内心イラッとした経験はありませんか？ そこで「おはようございます」から始まるスタート画面を省略し、**パワーポイントを開くと白紙のスライド画面が一気に表示されるようになる設定方法**をご紹介したいと思います。

　まず「**ファイル**」→「**その他**」→「**オプション**」の順にクリックして「**PowerPointのオプション**」を開きます。「**全般**」にある「**このアプリケーションの起動時にスタート画面を表示する**」のチェックを外して**OKを押せば完了**です。これでパワーポイント起動時に自

動で空白のスライドが立ち上がります。

　なお、「最近使ったアイテム」からデータを探して開くことが多い方も、この設定をすることで不便になることはありません。空白のスライドが開いた後に「ファイル」をクリックすれば、「最近使ったアイテム」が表示されるのでご安心ください。

　新規でスライドを作り始めることが多い方は、この方がクリック回数が減って速やかに作業に取りかかれるようになるはずです。
　私がかつて勤務していたコンサルティング会社でも一発起動とこのスタート画面の省略は多用され、完全にノートとペンの代替になっていました。

■スタート画面を省略化して、すぐ作業に取りかかれるようにする

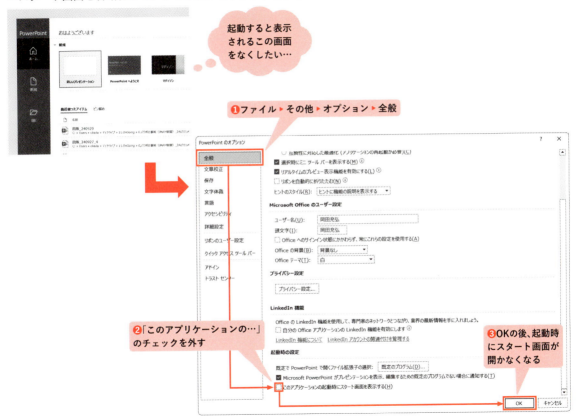

営業／
企画／技術

62

クイックアクセスツールバーで
高速作業環境を実現する

POINT
・クイックアクセスツールバーに登録しておけば、Alt＋数字で素早い実行が可能に
・登録する機能は、よく使う図形の挿入やトリミング、書式のコピーがおすすめ
・登録する機能は、よく使う図形の挿入やトリミング、配置（揃え）がおすすめ

クイックアクセスツールバーをご存じでしょうか？
画面上部によく使う機能を登録しておけば、Altキーと数字キーとの組み合わせで素早く実行できる便利な機能です。

登録するには、ファイル→その他→オプション→クイックアクセスツールバーの順で登録画面を開き、該当する機能を追加していきます。

もし登録画面からではなく、パワーポイントを利用する過程でリボン上に登録したい機能が見つかった場合には、そのボタンで右クリックを押し、「クイックアクセスツールバーに追加」を選択することで登録する方法もあります。ショートカットキーが使えない機能の場合には、この方法でクイックアクセスツールバーに登録しておくといいでしょう。

なお、**リボンはCtrl＋F1で表示／非表示を切り替えることができます。**

ちなみにクイックアクセスツールバーの設定情報はパソコン固有で保持しているため、複数のパソコンを利用する場合はあらためて設定が必要です。

そこで活用したいのが、**インポート／エクスポート機能です。理想の設定情報をexportedUIファイル形式で出力して共有サーバーに置いておけば、パワーポイントのUIを社内で統一することも可能**になります。

■ よく使う機能や図形は、その都度登録する癖をつけておく

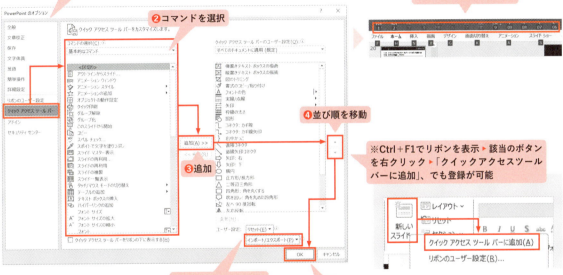

第 9 章

毎日がストレスフリー、パワポの「時短テク」を覚える

時短テクの代表的なもので言えばショートカットキーでしょう。実際パワーポイントを使った資料作成は、ショートカットキーを使えるかどうかで作業効率は大きく変わってきます。

特に外資系コンサルティング業界では、パワーポイントの使い手が数多く存在しています。
かつて私が在籍していたプライスウォーターハウスクーパース（PwCコンサルティング）でも、相当な使い手が多く、初めてその方たちの手元の技術を見たときには大変衝撃を受けました。
私もPwCに移る前までは、日系企業の中でそれなりに手元の技術を磨いていたので、そこそこ自信は持っていました。しかし、そんな自分がまさか転職先でこれほどまでのショックを受けるとは夢にも思いませんでした。

そこで出会ったコンサルタントたちは、なんと会話の速度でパワーポイント資料を作っていくのです。

彼らはショートカットキーを巧みに使いこなしていました。パワーポイントを使う場合には、テキスト入力だけでなく、図形の挿入や編集にいたるまで、幅広いショートカットキーを実行していました。マウスを使うことは滅多になかったと思います。

そういった環境で私も少しずつ慣れていき、いつの間にか数百を超える技術が身に付いてきた頃から、筆記用具を持たなくても、無意識のうちに資料作成が進められるようになっていきました。

本書の締めくくりである第9章では、パワーポイントをより快速快適に使っていただくために、私が厳選したショートカットキー郡に加えて、話題のChatGPTを使ったスライド作成法について、以下の通り紹介していきたいと思います。

・パワポ全般でよく使うショートカットキー
・ファイル・スライド操作でよく使うショートカットキー
・テキスト操作でよく使うショートカットキー
・図形操作でよく使うショートカットキー
・ChatGPTでパワポのスライドを作成する

営業／
企画／技術

63

パワポ全般でよく使う
ショートカットキー

POINT
- ショートカットキーを覚えると作業時間の短縮やストレスフリーにつながる
- まずはコピー・貼り付けなどの基本技と、検索・置換などの検索技を覚える
- 知らない技があれば、繰り返して無意識に技が繰り出せるよう体に染み込ませる

　本章ではパワーポイントの時短テクニックについてご紹介していきたいと思います。

　具体的にはこれだけ覚えれば大丈夫といった利用頻度の高いパワーポイントのショートカットキーについて私なりに厳選しました。

　ショートカットキーをどれだけ使いこなせるかは、特に外資系コンサルティング会社で生き残っていくには重要で、手元の技術を見ればその人の力量がおおむねわかってしまうと言われていたくらいです。通常の仕事でそこまで求められるかは別として、**作業時間の短縮やストレスフリーにもつながりますので、地道に体で覚えていくことをおすすめします。**

　本項目では、パワーポイント全般でよく使う基本的なショートカットキーについてご紹介します。大きくは**「基本技」**と**「検索技」**に分かれますが、どちらもとても大切です。

　基本技はコピーや貼り付けといった文字通り基本的な技で、検索技は検索や置換など作業効率を上げるのに欠かせないものになっています。いずれも、ワードやエクセルなど、Microsoft Officeシリーズで共通する技ですので、覚えておいて損はないでしょう。

　すでに知っている技も多いとは思いますが、もし知らない技があれば最低3回は繰り返して、無意識のうちに技が繰り出せるよう体に染み込ませましょう。

■まずはMicrosoft Office共通で使う基本・検索の技を押さえる

	ショートカットキー	動作
基本	Ctrl + C	コピー
	Ctrl + X	切り取り
	Ctrl + V	貼り付け
	Ctrl + D	コピーと貼り付け
	Ctrl + Z	元に戻す
	Ctrl + Y	繰り返し
	Ctrl + Shift + C	書式のコピー
	Ctrl + Shift + V	書式の貼り付け
	Ctrl + A	全選択
検索	Ctrl + F	検索
	Ctrl + H	置換
	Shift + F4	最後の検索を繰り返す（ボックス非表示）

営業／
企画／技術

64 ファイル・スライド操作でよく使う ショートカットキー

POINT
・ファイル操作のショートカットキーは、ファイルを扱う上で必ず習得すべき技
・スライド操作のショートカットキーは、スライド編集の段階でよく役に立つ技
・スライド操作の技は、徹底するとマウスを使わず画面操作を行うことが可能に

　本項では日常のファイルやスライドの操作でよく使うショートカットキーについて紹介していきたいと思います。内容は大きく**「ファイル操作」**と**「スライド操作」**に分かれます。

「ファイル操作」はパワーポイントをファイルとして扱うための基本的な操作になります。こちらは**Microsoft Officeに共通する技**でもありますので、すでにご存知のものが多いと思います。

「スライド操作」は実際の資料作成作業に入った段階でよく使われる操作を集めています。特に**「新規スライドの挿入（Ctrl+M）」は新規に資料作成する場合は頻**繁に使います。

　また、スライドのコピーや削除は、**「スライドのコピー（Alt→I→D）」「スライドの削除（Alt→E→D）」を使えば、マウスを使わず一発でそれらが実施でき、便利さを実感することでしょう。**

「スライド一覧の表示（Alt→W→I）」と「選択したサムネイルを上・下に移動（Ctrl+上下キー）」は、スライドの順番を再検討するときによく使う技です。

　「作業ウィンドウを移動／逆回りに移動（F6／Shift+F6）」と「作業ウィンドウオプションを閉じる（F6→Ctrl+Space→C）」はそこまでするかという感じですが、私のように意地でもマウスを使わず画面操作を行いたい方におすすめです。

180

■ 日常避けて通れないファイル・スライド操作の技を体に染み込ませる

	ショートカットキー	動作
ファイル操作	Ctrl + O	ファイルを開く
	Ctrl + N	ファイルの新規作成
	Ctrl + P	印刷の実行
	Ctrl + S	上書き保存の実行
	Ctrl + W	閉じるの実行
スライド操作	Ctrl + M	新規スライドの挿入
	Alt → I → D	スライドのコピー
	Alt → E → D	スライドの削除
	Alt → W → I	スライド一覧を表示
	Ctrl + 上下キー	選択したサムネイルを上・下に移動
	F6 / Shift + F6	作業ウィンドウを移動 / 逆回りに移動
	F6 → Ctrl + Space → C	作業ウィンドウオプションを閉じる

第9章

毎日がストレスフリー、パワポの「時短テク」を覚える

営業／企画／技術

65 テキスト操作でよく使う ショートカットキー

POINT
- テキスト入力技は、素早く入力したり思い通りの見栄えにする目的で利用
- テキスト編集技は、フォント設定やテキスト編集の負担を軽減する目的で利用
- テキスト編集技のうち、書式設定や単語削除、カーソル先頭移動は特におすすめ

　ここではパワーポイントのテキスト操作に関するショートカットキーをご紹介しますが、それは「テキスト入力」と「テキスト編集」に分かれます。

　「テキスト入力」については、とにかく速く入力する、思い通りの見栄えにする、といった目的で使われます。「太字にする（Ctrl+B）」は基本として、「中央揃え（Ctrl+E）」「左揃え／右揃え（Ctrl+L／Ctrl+R）」「フォントサイズの拡大/縮小（Ctrl+]／Ctrl+[）」は覚えておくと作業がかなりはかどるのでおすすめです。

　「テキスト編集」については、知っていると設定や編集の負担が軽減され、テキストを扱うストレスがかなりなくなります。

　特に「フォントの書式設定／フォントの書式解除（Ctrl+Shift+F／Ctrl+Space）」「カーソル左の単語を削除／右の単語を削除（Ctrl+Backspace／Ctrl+Delete）」「テキストボックスの先頭に移動／末尾に（Ctrl+Home／Ctrl+End）」は、使いこなせると柔軟なテキスト編集が可能になるのでおすすめです。

　なお、それ以外の3つは知っていると意外と役立つものをそろえてみました。余裕があるときにぜひ覚えてみてください。

■大量のキー入力も、テキスト入力・編集の技を覚えるとストレスフリーに

	ショートカットキー	動作
テキスト入力	Ctrl + E	中央揃え
	Ctrl + L／Ctrl + R	左揃え／右揃え
	Ctrl +]／Ctrl + [	フォントサイズの拡大／縮小
	Ctrl + B	太字にする
	Ctrl + I	斜体にする
	Ctrl + U	下線をひく
テキスト編集	Ctrl + Shift + F／Ctrl + Space	フォントの書式／フォントの書式解除
	Ctrl + Backspace／Ctrl + Delete	カーソル左の単語を削除／右の単語を削除
	Ctrl + Home／Ctrl + End	テキストボックスの先頭に移動／末尾に
	Ctrl + Enter	次のプレースホルダーに移動
	Shift + Enter	段落番号や行頭文字を使わずに改行
	オブジェクトを選択 → Enter	オブジェクト内のテキストを全選択

営業／
企画／技術

66

図形操作でよく使う
ショートカットキー

POINT

・図形の配置や移動などレイアウト調整技を身に付けると、多くの時間が節約可能
・図形のグループ化・解除と背面・前面移動は、複数の図形を扱う作業で効果大
・図形の「回転」「拡大・縮小」「コピー」「水平・垂直移動」もおすすめ

　本項では、パワーポイントの目玉である図形操作のショートカットキーについて紹介していきます。

　まず「グループ化／グループ化の解除（Ctrl+G／Ctrl+Shift+G）」「図形を一つ背面に移動／一つ前面に移動（Ctrl+Shift+［／Ctrl+Shift+］）」ですが、この２つは複数個の図形を作成するスライドで効果を発揮します。

「図形を細かく移動（Ctrl+矢印）」「図形を回転させる／細かく回転させる（Alt+左右キー／Ctrl+Alt+左右キー）」は、図形のレイアウトのディテールを整える際に使います。

「図形の拡大・縮小／細かく拡大・縮小（Shift+方向キー／Ctrl+Shift+方向キー）」はサイズ調整によく使います。

「図形をコピー（Ctrl+D、またはCtrl+マウス移動）」「図形を等間隔でコピー（Ctrl+D→基準の間隔まで移動→Ctrl+Dを繰り返す）」「図形を水平・垂直にコピー（Ctrl+Shift+マウス移動）」、この3つのコピー技を無意識のうちにできるようになると、資料作成のスピードはグッと上がるはずです。

「図形を水平・垂直に移動（Shift+マウス移動）」「線をまっすぐ引く（Shift+マウスでドラッグ）」「グラフを方向キーで細かく移動（Ctrl+左クリック→方向キー）」は、ディテールを手際よく整えるのに使います。

■図形・グラフの技を覚えると、レイアウト調整の時間が大幅に短縮

	ショートカットキー	動作
図形	Ctrl + G／Ctrl + Shift + G	グループ化／グループ化の解除
	Ctrl + Shift + [／Ctrl + Shift +]	図形を一つ背面に移動／一つ前面に移動
	Ctrl + 矢印	図形を細かく移動
	Alt + 左右キー／Ctrl + Alt + 左右キー	図形を回転させる／細かく回転させる
	Shift + 方向キー／Ctrl + Shift + 方向キー	図形の拡大・縮小／細かく拡大・縮小
	Ctrl + D または Ctrl + マウス移動	図形をコピー
	Ctrl + D → 基準の間隔まで移動 → Ctrl + D を繰り返す	図形を等間隔でコピー
	Ctrl + Shift + マウス移動	図形を水平・垂直にコピー
	Shift + マウス移動	図形を水平・垂直に移動
	Shift + マウスでドラッグ	線をまっすぐ引く
グラフ	Ctrl + 左クリック → 方向キー	グラフを方向キーで細かく移動

営業／企画

67

ChatGPTで
パワポのスライドを作成する

POINT
- パワーポイントでChatGPTのアドインを使えば簡単に資料作成することが可能
- 資料作成時は❶アドイン追加、❷指示入力、❸コンテンツ整理の３ステップで実施
- ChatGPT利用がやや初心者向けの機能だが、失敗が少なく簡単に資料が作れる

　最終項では、パワーポイントのアドインを使った ChatGPT活用をご紹介します。

　実は、パワーポイント上でChatGPTを使って資料作成する方法は、マクロとアドインを使う２つの方法があり、アドインを使う方が簡単なので、今回そちらをご紹介したいと思います。

❶ChatGPTのアドインを追加する

　ホームタブ右手にある「アドイン」をクリックします。検索窓に「GPT」と入力し、ChatGPT for PowerPoint をインストールします。これで、アドインボタン右にアイコンが表示されます。

❷指示を入力する

　アイコンをタップすると、入力画面が表示されます。

　スライドのトピックや言語（日本語）、スライドの枚数を入力し、CONTINUEを押します。処理の後、アウトラインが作成され、デザインテンプレートを選択していきます。

❸コンテンツを整える

　さらに進めていくと、指定した内容にそって１〜2分でスライドが完成します。完成した資料はコンテンツの過不足があるため、後から追加・整理します。また、テンプレートのデザイン性にも限界があるため、必要に応じて好みのものに変更するなどしましょう。

■無料のアドインであっという間にドラフト資料が完成

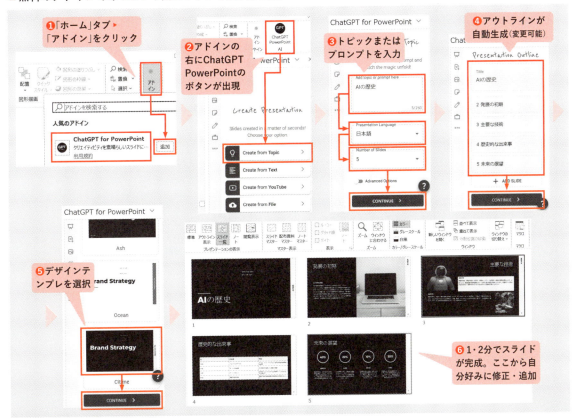

岡田 充弘 （おかだ　みつひろ）

クロネコキューブ株式会社　代表取締役
カナリア株式会社　代表取締役

日本電信電話、プライスウォーターハウスクーパース、マーサージャパンを経て、破綻寸前の甲南エレクトロニクス㈱にマネジメントディレクターとして参画。事業再編、ブランド構築、プロセス改革、ワークスタイル改革、オフィス改革など、短期間に多くの改革を実行し、創業以来の最高益を達成。カナリア㈱に商号変更すると同時に代表取締役に就任し、無借金化を達成。その後、謎解きゲームの企画会社クロネコキューブ㈱を設立し代表取締役に就任、設立5年で西日本を代表する謎解きマーケティング会社に成長。また、多くの企業や団体でアドバイザーを務め、起業支援や若手人材の育成にも精力的に取り組む。
著書は7万部のベストセラー「超速パソコン仕事術」や「仕事のムダとり図鑑」など世界で全20冊。PRESIDENT連載中。

〈取組事業〉
謎解きマーケティング：https://www.blackcats-cube.com/
人・組織のデジタル変革：https://www.canaria.ne.jp/

パカッと開く！　プレゼン資料作成術

2024年12月10日　初版第1刷発行

著者　　岡田 充弘
　　　　©2024 Mitsuhiro Okada
発行者　張 士洛
発行所　日本能率協会マネジメントセンター
　　　　〒103-6009
　　　　東京都中央区日本橋2-7-1 東京日本橋タワー
　　　　TEL：03-6362-4339（編集）／03-6362-4558（販売）
　　　　FAX：03-3272-8127（販売・編集）
　　　　https://www.jmam.co.jp/

装丁　　山之口正和（OKIKATA）
本文DTP　PiDEZA Inc.
図版作成　井上則人デザイン事務所、加藤雄一
印刷所　シナノ書籍印刷株式会社
製本所　株式会社新寿堂

本書の内容の一部または全部を無断で複写複製（コピー）することは、法律で認められた場合を除き、著作者および出版者の権利の侵害となりますので、あらかじめ小社あて許諾を求めてください。

ISBN978-4-8005-9190-6　C2034
落丁・乱丁はおとりかえします。
PRINTED IN JAPAN

やさしい・かんたん プレゼンテーション

仕事のキホン シリーズ

日本能率協会マネジメントセンター 編

四六判ヨコ型並製／160 ページ

ビジネスパーソンになって初めて求められる「プレゼンテーション」。その基本について手取り足取りまとめられているのが本書です。この一冊を通して、プレゼンを行う"意味"の解説と、新入社員がプレゼンをうまく行うための"視点"を醸造することができます。

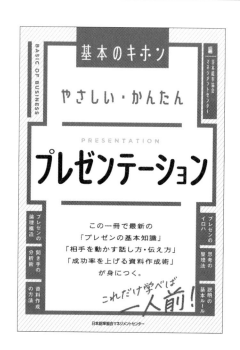

日本能率協会マネジメントセンター

パカッと開く！ Excel データ集計
PC前に置いて学べるシリーズ

太田耕市 著

B6判ヨコ型変形並製／320ページ

特殊製本で180度パカッと開いて勝手に閉じず、横長で仕事スペースを邪魔しない！ PC前に置き、パソコン仕事や操作方法を「ながら読み」学習できる、質問できる人が近くにいないテレワークや仕事しながらこっそり独学もできる便利な一冊です。

日本能率協会マネジメントセンター

JMAM の本

パカッと開く! ショートカットキー＆キーボード術
PC前に置いて学べるシリーズ

大林ひろこ 監

B6判ヨコ型変形並製／200ページ

特殊製本により開けば閉じない仕様なので、パソコン画面、キーボード（＋マウス）、そしてこの本を一つの視界に収め、ながら読み、あるいはながら作業をしながら操作を学んでいくことができます。仕事中にこっそり開いて操作を学ぶ、なんて使い方も可能です。

日本能率協会マネジメントセンター